应用型本科国际经济与贸易专业精品系列教材

国际贸易经营
实战演练教程

主　编　陈　端

副主编　郭有仪　孙娟娟

北京理工大学出版社

BEIJING INSTITUTE OF TECHNOLOGY PRESS

内 容 简 介

　　本书作为国际贸易经营实战演练课程的指导教材，在对外贸企业设立、外贸流程、外贸单证、核算知识、外贸企业财务管理等外贸实务基础知识进行阐述的基础上，介绍了国际贸易经营实战实训规则，并对实训软件的操作方法进行了介绍。通过本书的学习，学生可以掌握外贸公司设立的相关法规制度、出口报价方法运用、出口流程及单证传递、出口时间节点把握等外贸知识。同时通过实训体会如何进行企业管理和团队合作，最终实现提高国际经济与贸易专业综合职业能力的目的。

　　本书可作为应用型本科国际经济与贸易及相关专业教材，也可作为外贸企业管理人员及社会读者的参考资料。

图书在版编目（CIP）数据

　　国际贸易经营实战演练教程/陈端主编 . —北京：北京理工大学出版社，2018.8（2022.1 重印）

　　ISBN 978－7－5682－6046－6

　　Ⅰ. ①国…　Ⅱ. ①陈…　Ⅲ. ①国际贸易－高等学校－教材　Ⅳ. ①F74

　　中国版本图书馆 CIP 数据核字（2018）第 179966 号

出版发行 / 北京理工大学出版社有限责任公司

社　　　址 / 北京市海淀区中关村南大街 5 号

邮　　　编 / 100081

电　　　话 / （010）68914775（总编室）

　　　　　　（010）82562903（教材售后服务热线）

　　　　　　（010）68944723（其他图书服务热线）

网　　　址 / http：//www.bitpress.com.cn

经　　　销 / 全国各地新华书店

印　　　刷 / 北京紫瑞利印刷有限公司

开　　　本 / 710 毫米×1000 毫米　1/16

印　　　张 / 9.5　　　　　　　　　　　　　　　　　责任编辑 / 张旭莉

字　　　数 / 160 千字　　　　　　　　　　　　　　　文案编辑 / 赵　轩

版　　　次 / 2018 年 8 月第 1 版　2022 年 1 月第 2 次印刷　　责任校对 / 周瑞红

定　　　价 / 28.50 元　　　　　　　　　　　　　　　责任印制 / 李志强

目前，各高校的国际贸易类实训课程模式都较为固定，主要着眼于案例背景下的贸易流程操作及单据缮制，这对于学生基础能力的培养有着积极作用。但在教学中，我们发现该模式并不能很好地实现应用型人才培养的目的，对于学生职业能力的提升作用也相当有限。出现该问题的原因主要在于目前的实训模式脱离"实战"，这使得学生在诸如贸易磋商能力、履约时间把控能力、突发事件处理能力、外部信息对业务影响的分析能力等方面训练不足。福建江夏学院经济贸易学院从 2009 年开始探索开发"国际贸易经营实战演练"课程，建立了国际贸易经营实战演练实验室，并从 2010 级首批国际经济与贸易本科专业开始开设这一课程，同时积极参与相关软件开发企业的软件开发，根据教学实践对软件开发提出了许多有意义的想法和建议。经过多年的教学实践，"国际贸易经营实战演练"课程日趋成熟。当前各高校普遍开设了国际经济与贸易专业，对于重视应用型人才培养的院校而言，"国际贸易经营实战演练"课程可以帮助学校实现人才培养目标，提升人才培养质量。

本书由陈端担任主编，郭有仪、孙娟娟担任副主编。全书由陈端修改定稿。具体编写分工如下：陈端负责编写第一、二章，郭有仪负责编写第三、四章，孙娟娟负责编写第五、六章。

本书在编写过程中广泛参考了多位专家、学者、同仁的研究成果，借鉴了有关教材的部分内容，得到了相关院校老师的帮助与支持，借此机会表示感谢。

由于编写人员水平有限，时间紧迫，书中难免有不妥之处，衷心希望国际贸易学界同仁、教材使用者及广大读者提出宝贵建议，以便进一步修改完善。

编　者

目　录

第一章　开篇语 ……………………………………………………………… (1)

　　一、高校国际贸易实训课程所面临的问题与挑战 ……………………… (1)

　　二、国际贸易经营实战演练课程的创新与目的 ………………………… (2)

　　三、实训系统发展与历史沿革 …………………………………………… (3)

第二章　外贸公司经营基础知识 …………………………………………… (7)

　第一节　外贸公司设立 …………………………………………………… (7)

　　一、公司注册 ……………………………………………………………… (7)

　　二、获得进出口经营权 …………………………………………………… (9)

　第二节　外贸出口流程介绍 ……………………………………………… (10)

　　一、磋商成交环节 ………………………………………………………… (10)

　　二、备货出运环节 ………………………………………………………… (10)

　　三、收汇退税环节 ………………………………………………………… (11)

　第三节　国际贸易常用贸易术语与单证 ………………………………… (12)

　　一、国际贸易常用贸易术语 ……………………………………………… (12)

　　二、国际贸易常用单证 …………………………………………………… (13)

　第四节　出口商品对外报价与盈亏核算 ………………………………… (13)

一、出口报价核算 ································· (13)

二、出口盈亏核算 ································· (15)

第五节 外贸企业财务管理 ····················· (16)

一、外贸企业财务管理工作中应重视的风险与问题 ········ (16)

二、外贸企业财务管理工作的主要内容 ············· (17)

第三章 国际贸易经营实战实训规则 ············· (19)

第一节 实训模拟角色介绍 ····················· (19)

一、出口公司 ································· (20)

二、进口公司 ································· (21)

三、出口国商务部 ····························· (21)

四、出口国银行 ······························· (21)

五、进口国银行 ······························· (22)

六、出口国商检局 ····························· (22)

七、出口国海关 ······························· (22)

八、保险公司 ································· (22)

九、船务公司 ································· (22)

第二节 实战规则介绍 ························· (22)

一、订单获取规则及广告投入决策 ··············· (23)

二、成交规则及报价决策 ····················· (23)

三、采购规则及决策 ························· (24)

四、融资规则及决策 ························· (24)

五、订舱规则 ································· (25)

六、履约时间约束 ····························· (25)

七、变更交货条件及违约惩罚规则 ··············· (26)

八、成本费用规定 ····························· (26)

第四章 管理员操作介绍 ····················· (27)

第一节 系统用户管理介绍 ····················· (28)

一、用户管理 .... (28)

二、用户角色管理 .... (30)

三、角色授权管理 .... (30)

第二节　基础数据 .... (31)

一、系统启用年份设置 .... (31)

二、人民币汇率设置 .... (32)

三、产品包装材质设定 .... (32)

四、仓库费用 .... (34)

五、订单库 .... (34)

六、产品管理 .... (34)

七、公司管理 .... (36)

八、实战规则 .... (36)

九、出口口岸、目的港及航线管理 .... (37)

十、费用设置 .... (39)

十一、公告栏 .... (40)

十二、宏观经济数据 .... (40)

第三节　外部端口 .... (45)

一、系统时间设定 .... (45)

二、市场竞争方式设定 .... (46)

三、订单获取规则设定 .... (47)

四、EDI 接口开关设定 .... (47)

五、超期时间设置 .... (50)

六、系统数据库管理 .... (50)

七、公告栏批量导入 .... (51)

八、国内外经济数据导入 .... (51)

第四节　应用管理 .... (53)

第五节　财务分析 .... (54)

一、国内公司财务分析表 .... (54)

二、国内公司利润排名 .... (55)

三、对国内公司评价 ………………………………………… (55)

四、国外公司财务分析表 …………………………………… (56)

五、国外公司利润排名 ……………………………………… (57)

六、对国外公司评价 ………………………………………… (57)

第六节　比赛结果 …………………………………………… (57)

一、分比设定 ………………………………………………… (57)

二、比赛成绩 ………………………………………………… (58)

三、总分排名 ………………………………………………… (59)

第五章　实战端口介绍 ……………………………………… (60)

第一节　学生端应用列表功能介绍 ………………………… (61)

一、公司基本信息 …………………………………………… (61)

二、广告投放 ………………………………………………… (62)

三、选择订单 ………………………………………………… (63)

四、交易磋商 ………………………………………………… (66)

五、合同管理 ………………………………………………… (69)

六、信用证管理 ……………………………………………… (72)

七、备货管理 ………………………………………………… (74)

八、发票/装箱单管理 ……………………………………… (77)

九、租船订舱 ………………………………………………… (79)

十、报检管理 ………………………………………………… (82)

十一、许可证管理 …………………………………………… (86)

十二、原产地证书 …………………………………………… (88)

十三、投保管理 ……………………………………………… (91)

十四、报关管理 ……………………………………………… (92)

十五、装运管理 ……………………………………………… (94)

十六、结汇管理 ……………………………………………… (96)

十七、银行贷款 ……………………………………………… (100)

十八、民间借贷 ……………………………………………… (101)

第二节　应用管理模块功能介绍 ················ (103)

　一、海运航线查询 ······················ (103)

　二、磋商记录 ·························· (103)

　三、单据查询 ·························· (105)

　四、管理费用 ·························· (105)

第六章　国际贸易经营实战实训模拟与实训报告 ······· (107)

第一节　实训安排与准备 ···················· (107)

　一、实训前常用设置 ····················· (107)

　二、实训部分计算准备 ··················· (111)

第二节　实训流程模拟演示 ·················· (113)

　一、外国公司投放订单 ··················· (113)

　二、国内公司投放广告 ··················· (114)

　三、广告排名 ·························· (114)

　四、订单市场选择订单 ··················· (115)

　五、交易磋商及填写预合同 ················ (117)

　六、合同管理 ·························· (120)

　七、信用证管理 ······················· (120)

　八、备货管理 ·························· (123)

　九、发票/装箱单管理 ··················· (123)

　十、租船订舱 ·························· (124)

　十一、银行贷款和民间借贷 ················ (125)

　十二、许可证管理 ····················· (127)

　十三、报检管理 ······················· (127)

　十四、原产地证书 ····················· (129)

　十五、投保管理 ······················· (132)

　十六、报关管理 ······················· (133)

　十七、装运管理 ······················· (133)

　十八、结汇管理 ······················· (134)

十九、财务结算 ………………………………………………… （136）

二十、单据查询 ………………………………………………… （137）

二十一、国外公司贷款和审批 ………………………………… （137）

第三节　实训测评与实训报告 ………………………………… （138）

一、实训测评 …………………………………………………… （138）

二、实训报告示范 ……………………………………………… （139）

参考文献 ……………………………………………………… （142）

第一章

开 篇 语

一、高校国际贸易实训课程所面临的问题与挑战

实训是本科教学计划中一个重要的教学环节，是增强学生的感性认识、实际操作能力并尝试将所学理论知识与实际工作相结合而开设的课程，是课堂教学的补充和延伸。但目前，国际贸易实训课程普遍存在以下几方面的问题：

（一）学生的现场实训严重不足

严格意义上讲，实训分为校内实训与现场实训。现场实训指学生进入专业对口的社会单位进行与专业有关的实训，这种实训应当贯穿教学的整个过程。然而目前在国家政策层面并没有一套完整的机制保证学生完成现场实训环节，同时企业面临激烈竞争的环境和快速变化的市场，这也制约着企业接收规模庞大的学生实习团队，对于非工科专业这个问题尤为突出。当前学生不但现场实训无法保证，甚至在毕业实习中也难以找到专业对口的单位。所以现场实训往往沦为有名无实的形式课程，甚至从教学计划中消失。

（二）校内实训重视工作流程训练，与实际工作存在较大脱节

由于现场实训的机会不容易获得，所以大多数高校的实训只能依托校内实训。目前诸如国际贸易实务实训或进出口单证等实训课程比较好地提升了学生的贸易流程操作、专业英语读写及单证制作的能力。但诸如价格谈判、突发事件处

理、企业间的竞合关系、团队协同及履约时间把握等能力的培养往往无法实现。这些能力的缺失严重阻碍了学生职业能力的发展。

（三）实训内容只专注于本专业知识，缺乏跨学科内容的融入

实训的目的是提升参训学生的职业能力，通俗地讲就是让学生在毕业后能在尽可能短的时间内适应工作，满足单位对员工的要求。而任何专业领域的人员要使工作能够得以顺利开展，需要运用的就不仅仅是自身的专业知识，还需要诸如心理学、管理学、市场营销学等其他专业领域的知识，在外贸工作中尤是如此。所以，如果实训内容只专注于本专业知识，而缺乏对跨专业知识的熟悉与运用，那么将很难通过实训提升学生的职业能力。

二、国际贸易经营实战演练课程的创新与目的

针对以上在国际贸易实训中存在的问题，可对国际贸易经营实战演练课程进行以下创新。

（一）力求营造逼真的工作环境，弥补实训课程中现场实训缺乏的不足

正如前面提到的企业，特别是中小型外贸单位，无法提供足够空间与职位给学生实习；加之外贸工作中由于客户信息的敏感性问题，致使外贸企业更加不可能大量接收学生进行实训。如果学校可以提供一个逼真的工作环境，则可以在一定程度上缓解这一问题。国际贸易经营实战演练实训正是以力求营造逼真的工作环境为出发点的。

（二）实训模式灵活，适应不同程度与阶段要求的实训

本实训系统在操作中可以个人操作或小组合作操作；在应答方式上可以人机应答、小组与老师应答及小组与小组应答。由此，如果实训要求仅仅是掌握外贸流程，则在实训中可以选择个人操作及人机应答的方式；如果实训要求逼真程度高，充分体现团队配合及市场竞争性等要素时，可以选择小组合作操作及小组与小组应答的方式。

（三）实训融入跨学科知识，培养学生的综合职业能力

在外贸工作中，特别是处于管理者的角色时，需要诸多跨学科知识的运用。虽然学生工作的起点往往不是管理层，但如果能够了解管理者的思维模式，站在管理者的角度进行思考，这无疑将对工作的顺利开展十分有利。所以，要培养良好的职业能力，必须接触跨学科的相关知识内容，并在实训中加以运用。在实训

过程中，突出资源调配、人员合作、经营决策等非国际贸易专业的知识要素。通过实训，学生可以在掌握外贸流程的基础上，获得企业经营的宝贵经验，最终使综合职业能力得到提升。

三、实训系统发展与历史沿革

受到近年来在企业经营实训中较为流行的沙盘模式启发，本课程实训系统将企业经营的相关内容与传统的国际贸易实训软件进行了结合。沙盘类 ERP 实训系统较好地涵盖了企业运营的所有关键环节，即战略规划、资金筹集、市场营销、产品研发、生产组织、物资采购、设备投资与改造、财务核算与管理等几个部分，并把企业运营所处的内外环境抽象为一系列的规则，以沙盘作为载体来进行企业模拟经营，并对抗演练，较好地融合了理论与实践，集角色扮演与岗位体验于一体，使受训者在分析市场、制定战略、营销策划、组织生产、财务管理等一系列活动中，参悟科学的管理规律，同时也对企业资源的管理过程有一个实际的体验。这些特点如果能够与传统的国际贸易实训系统相结合，就可以较好地体现前文所提到的在实训中融入跨学科知识，达到培养学生的综合职业能力的目的。

在将两者进行结合的初级阶段，我们主要运用将计算机软件与物理沙盘相结合的实训模式。计算机软件主要模拟贸易中的 EDI 过程及相关数据的存储及计算功能。软件系统采用 B/S 架构，系统全部基于 PHP + APACHE 技术开发，实现网络版。数据库采用 MYSQL。客户端采用浏览器方式，支持 FireFOX 浏览器。该软件在 Windows 2000/XP/2003/Vista/2008 下都能正常使用。该系统数据交换遵循 SOAP/HTTP 协议，采用分层的体系架构设计，高内聚、低耦合是系统的一个设计目标，其采用开放性的技术标准，从而保障了外部系统可以很好地接入本系统。其数据交换关系如图 1-1 所示。

重要的企业经营决策内容的模拟则通过物理沙盘实现。物理沙盘在具体经营实战时，以筹码为"价值载体"和"价值标记"，通过沙盘模拟体现国际贸易企业业务流程、现金流量、市场开发和银行借贷及结算等企业运营过程，学生通过移动筹码和其他道具来表现企业经营。其功能主要体现在以下方面，沙盘样例如图 1-2 所示。

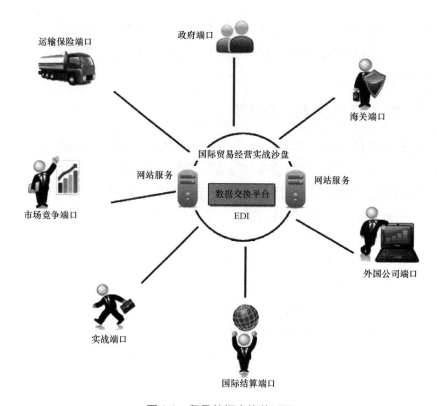

图 1-1　贸易数据交换关系图

1. 反映工作进度

物理沙盘能反映国际贸易经营实战流程，从国际贸易企业的订单流程以及企业的外部经营环境等角度真实模拟国际贸易企业的经营管理细节。订单流程包括订单获取、交易磋商、签订合同、落实信用证、报检、报关、投运投保以及结汇退税等关键流程。外部环境尽量模拟国际贸易企业的经营环境，客户开拓、供应商维护、企业日常运营以及订单过程中的备货、物流和物流中可能产生的因素都能一一体现。所以，通过沙盘可以对工作进度一目了然，便于小组成员协调工作。

2. 反映实战环境参数

物理沙盘各流程能反映国际贸易经营实战竞争的关键点，如在营销环节体现国际贸易的竞争方式、是否需要出口许可及贸易壁垒高低等信息；在备货环节体现四种采购模式（单一采购、批量采购、年度采购、代销采购）；在物流环节体现海运、分批运输、联运、转运、空运等不同的物流模式。

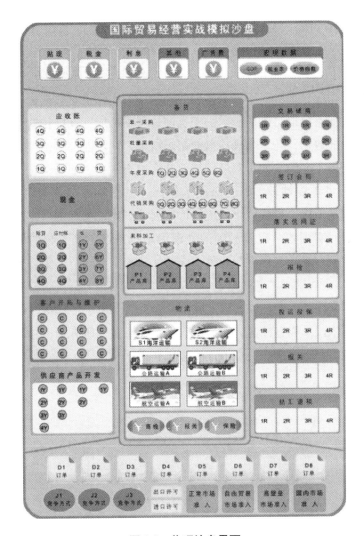

图 1-2 物理沙盘界面

3. 反映财务数据

物理沙盘各流程能完整体现国际贸易的关键财务核算指标。例如，订单获取阶段，投入的广告费用。获得订单后，在流程中产生的应收账款、应付账款，长期贷款、短期贷款以及通过应收款贴现产生的贴现费用。订单执行过程中，会根据不同的备货方式产生备货费用以及库房租金。在物流环节，不同的运输方式会产生不同的运输费用指标。在报关报检、投运投保环节，也会产生相应的费用。这些费用指标构成了一个相对完整的国际贸易关键财务核算指标。

但随着应用的深入，该种实训模式存在的问题也逐渐暴露出来，主要体现在：

（1）数据记录结果可能自相矛盾，影响最终评价。虽然计算机系统承担主要的数据记录功能，但沙盘所直观体现的经营结果实际也是数据记录，而且两套记录系统的数据不可能自动同步。由于实训过程中可能存在操作错误，所以无论是计算机系统的数据，还是物理沙盘的记录结果，都可能存在错误，这往往导致两套系统的结果不一致，使得对经营绩效的评价不一致。

（2）系统可扩展性较差，升级成本较高。虽然软件部分的可扩展性较好，但物理沙盘却是短板，导致整个系统的可扩展性下降。国际贸易实践是在不断变化的，对学生的实训要求以及教师的教学思路也是在不断变化的。在这种情况下，如果要对原有系统流程进行调整，或增加新的实训环节，则需重新制作物理沙盘。

鉴于上述问题，我们已经实现从物理沙盘升级到电子沙盘以及触摸屏的电子沙盘，可以不依赖于物理沙盘，而通过软件系统来实现所有预设功能。软件系统的结构与功能将在本书的后续章节逐一进行介绍。

第二章

外贸公司经营基础知识

具备外贸实务知识是进行外贸业务乃至经营外贸企业的基础之一，但要顺利开展外贸业务，有效经营外贸企业，还需要了解其他基础知识。本章从法律（外贸公司的设立）、外贸实务（出口流程与报价、贸易术语与单证）及财务管理三个专业领域对外贸公司经营基础知识进行简要介绍。

第一节　外贸公司设立

外贸公司设立大体分两步，首先注册公司（经营范围中需有"从事货物及技术的进出口业务"），然后再申请进出口备案。

一、公司注册

外贸公司设立需符合《中华人民共和国公司法》的规定，在注册资金数额、出资期限及出资方式等方面相关政策规定如下：

1. 注册资金数额

（1）依照《中华人民共和国公司法》规定，外贸公司最低注册资金为 3 万元人民币（以往外贸公司注册资金最低为 100 万元人民币）；

（2）一人注册外贸公司，最低注册资金为 10 万元人民币；

（3）二人或以上注册外贸公司，最低注册资金为 3 万元人民币；

（4）外贸公司若申请一般纳税人资格，则最低注册资金要求为 50 万元人民币。外贸公司只有具备一般纳税人资格，才能开具增值税专用发票，才可以享受出口退税政策；否则，不享受出口退税政策。

2. 出资期限

（1）一人（一个股东）注册外贸公司，注册资金需一次性到位，不能分期出资；

（2）二人或多人注册外贸公司，注册资金可以分批出资，首批注册资金不低于注册资金总额的 20%，其余注册资金可在 2 年内到位。

3. 出资方式

（1）股东的出资方式可以是货币，也可以是实物、专利技术、工业产权等；

（2）货币出资占注册资金总额的比例不低于 30%；

（3）实物等出资方式必须经过专业的评估机构评估，以经评估过的价格作为出资额。

4. 注册流程

在符合上述规定情况下，企业可到相关部门进行公司注册，相关流程如下：

（1）工商局相关流程：查名（确定公司名字）→验资（完成公司注册资金验资手续）→签字（客户前往工商局核实签字）→申请营业执照。

（2）质量技术监督局相关流程：申请组织机构代码证。

（3）税务局相关流程：申请税务登记证→办理基本账户和纳税账户→办理税种登记→办理税种核定→办理印花税业务→办理纳税人认定→办理办税员认定→办理发票认购手续。

以上流程中的验资是指：股东以货币出资方式注册外贸公司时，注册资金必须打入公司的临时验资账户，聘请专业的会计师事务所进行验资，并出具验资报告，报工商局备案。外贸公司注册完成后，在日常经营活动中，若实际需要，可增加或减少注册资金。增加或减少注册资金需经过工商部门登记备案，并变更营业执照、税务登记证、组织机构代码证。

二、获得进出口经营权

根据中华人民共和国商务部的规定，只有获得进出口经营权的企业才可进行对外贸易。无进出口经营权的企事业单位如需进出口，必须委托有经营权的企业代为进出口。所以进出口经营权资格的获得是外贸公司有别于一般内贸公司的一个重要内容。进出口经营权的申请与获得的流程大体如下：

（1）网上申请进出口经营权资格，一般是在所在省份的外经贸主管部门网站申请。经外经贸主管部门批准方可取得进出口经营资格。如果先前工商注册时经营范围中没有体现"从事货物及技术的进出口业务"，需到工商局及税务局作经营范围变更。

（2）至当地海关备案。

（3）向外汇管理局办理进出口核销登记并开立美元账户。

（4）到税务局办理退税登记，领取退税证。

（5）到企业所在地电子口岸数据分中心进行电子口岸申请登记，现场购买IC卡（法人卡、操作员卡）、软件与读卡器。IC卡由数据分中心暂为保管，待入网审批通过后再行领取。此后凭电子口岸申请受理回执单及相关证件到质量技术监督局、工商局审核盖章及税务局等部门进行联合审批。待"电子口岸企业入网备案进度查询系统"显示状态为"领卡"后，凭相关文件前往领取IC卡。再凭领取的IC卡到外汇管理局办理后续有关审批。以上流程是以中国电子口岸厦门数据分中心业务流程为例说明，各地数据分中心流程可能存在一定差异，可在办理具体业务时遵循当地分中心的指示办理。此外，中国电子口岸目前也可以为未办理IC卡的"无卡用户"提供相关服务。

（6）向进出口检验检疫局办理登记，申请产地证、普惠制产地证注册。

完成以上工作后，外贸公司才能合法运营。需要指出的是：以上工作内容基于《中华人民共和国公司法》及相关外贸法规，而法律与政策是可以变迁的，随着宏观环境的不断变化，我国市场经济体制不断完善，贸易便利化措施的不断推出及技术的进步，以上外贸公司设立流程与具体内容有可能发生变化。作为国际贸易专业领域的人员应当对相关变化及时了解，以便在新的法律框架下顺利开展业务。

第二节 外贸出口流程介绍

对外贸易是跨国的商品与资金流动，商业风险高，国家监管力度大，需要的配套服务种类众多，这些都有别于内贸活动，所以对外贸易流程较为复杂。由于本课程主要面向国际贸易类专业高年级学生，所以在本节中仅利用流程图的形式对出口贸易流程进行简单介绍，不做过多文字说明，以帮助学生进行回顾。根据逻辑关联性，本书将出口流程分为三大环节，即磋商成交环节、备货出运环节及收汇退税环节。

一、磋商成交环节

在磋商成交环节中，交易双方就最终交易标的物及交易条件进行磋商，并以合同形式明确权利与义务，具体的工作步骤如图 2-1 所示。

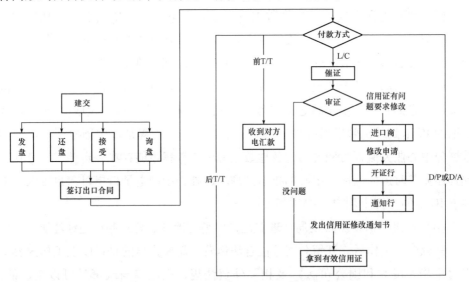

图 2-1　磋商成交流程

二、备货出运环节

备货出运环节实际就是出口方按合同或信用证要求履约的过程，核心的工作为生产或采购、租船订舱、报关报检及缮制单证等，具体步骤如图 2-2 所示。

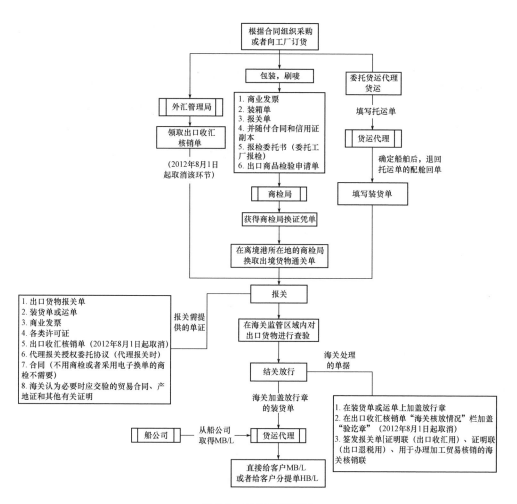

图2-2　备货出运流程

三、收汇退税环节

当货物装运完毕，出口公司准备好全套相关单证后，便可依据合同中规定的结算方式展开索要货款的工作，即出口收汇工作。收汇完毕后，属于退税范围的出口商品还可凭相关单证到国家税务部门进行退税工作。具体步骤如图2-3所示。

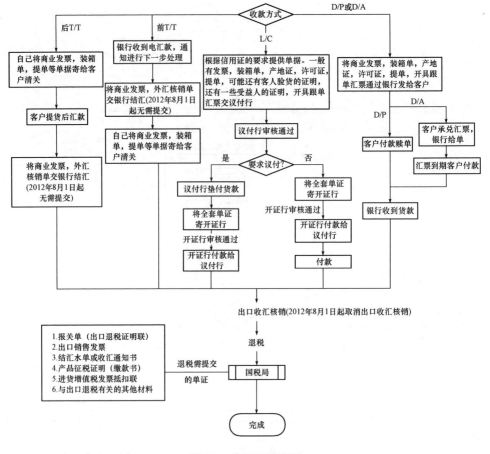

图 2-3　收汇退税流程

第三节　国际贸易常用贸易术语与单证

一、国际贸易常用贸易术语

出口企业在国际贸易业务中常用的贸易术语主要有 FOB/FCA、CFR/CPT、CIF/CIP，都属于"装运合同"，出口商在出口清关后完成货物装运，就算完成了交货义务。在具体的交货义务上，这几种贸易术语都要求出口商负责安排运输，CIF/CIP 要求出口商办理货运保险并支付保险费。FOB/FCA 要求进口商负责安排运输，但实际操作中，进口商往往可以委托出口商代为办理。

这些常用的贸易术语都属于象征性交货，卖方凭单交货，买方凭单付款，进行与货物有关的"单据买卖"。

二、国际贸易常用单证

广义的国际贸易单证（Documents）是指在国际贸易结算中使用的单据、文件与凭证，在国际货物的交付、运输、保险、商检报关以及结汇等环节所处理的各种证明文件。而狭义的国际贸易单证指单据与信用证。

国际贸易单证从用途来分，大致可以分为商业单据（商业发票、装箱单等）、货运单据（海运提单、空运单、托运单等）、保险单据和金融单据（汇票、支票和本票）以及官方单据（原产地证书、海关发票、检验检疫证书等）等。

在国际贸易中，缮制单证必须符合国际贸易惯例和有关法律法规的规定以及进出口双方的实际要求，满足正确、完整、及时、简洁和严谨的基本要求。其中，应特别注意单证的时间性，单证之间的时间差必须符合进出口流程，比如，运输单据的签发时间不能早于装箱单、检验证书和保险单的签发时间。注意单据本身的时间限制，根据信用证中的装运期、有效期和交单期的规定，把握对运输单据的时间限制和出口交单时间的限制。

第四节　出口商品对外报价与盈亏核算

一、出口报价核算

出口商品报价需要考虑的因素主要有：货物实际成本、国内费用、国际费用、佣金（如果有的话）及预期利润。在上述五个因素的具体数值都已知的前提下，出口商品报价自然就是五个数字加总。但在实际工作中并非如此简单，如以 CIF 成交，则需计算保险费。保险费属于国际费用，但由于保险费的计算是基于最终 CIF 报价的，即在未知 CIF 价格的前提下无法通过保险费率直接计算保险费数额，从而包含保险费的国际费用也就无法直接计算。所以，希望通过将货物实际成本、国内费用、国际费用、佣金及预期利润直接加总得出 CIF 报价的方法就不可行。由此，计算出口报价需从以下几方面入手：

（一）货物实际成本核算

货物实际成本核算有实际成本、采购成本和出口退税收入三个概念。实际成本就是报价者需要知道的，用于报价计算的货物实际成本；采购成本指出口公司从工厂的进货价格，一般包含 17% 增值税；出口退税收入指出口后国家退还的增值税。

在不考虑出口退税收入的情况下，采购成本等于实际成本；但在考虑退税的情况下，采购成本并不是实际成本，由于国家鼓励企业出口，故给出口企业退还一定比例的增值税，这样，出口公司实际发生的成本比采购成本要低，其计算公式为：

$$实际成本 = \frac{购货成本}{1+增值税率}(1+增值税率-出口退税率)$$

（二）国内费用核算

国内费用指国内运费、报关报检费用、仓储费用、办公费用及银行费用（主要包括融资费用及手续费）等在国内发生的费用的总和。

需要注意的是，国内费用中的项目绝大多数是可以直接计算的，即只要先直接计算各项费用，然后加总就可得出国内费用。但国内费用中有时会包含一些无法直接计算的项目，典型的是以最终报价为计算基础的银行议付手续费。

（三）保险费核算

关于保险费核算，容易出错的地方主要是保险加成率，如果题目中没有讲明保险加成率，一些学生在计算保险费时就不加成，这是一种错误观点。因为根据国际货运保险市场的惯例，保险加成率通常为 10%，这是约定俗成的，即使题目没有说明保险加成率，也应该为 10%。当然，出口商也可以根据进口商的要求与保险公司约定不同的保险加成率。此外，正如前面提到的保险费的计算基于最终 CIF 报价，即在没有计算出 CIF 价格时无法直接计算保险费。

（四）利润核算

企业在进行报价时，一般都需要确定一个利润率目标或利润额目标。如果报价前确定的是利润额目标，那么在报价核算时就相对简单，直接将成本、费用及利润额加总计算就可。但如果确定的是利润率指标时，我们又将遇到前面在计算银行议付手续费及保险费时遇到的问题，即一般利润率是以报价为基础的，在不知道报价的情况下，无法通过利润率直接计算出利润额。

（五）佣金

佣金的计算也是以报价为基础的，所以在不知道报价的情况下，无法直接计算出佣金额。

综上所述，出口报价计算要遵循以下公式：

$$FOB 价 = \frac{货物实际成本 + 国内费用}{1 - 利润率 - 银行议付手续费率 - 佣金率}$$

$$CFR 价 = \frac{货物实际成本 + 国内费用 + 国际运费}{1 - 利润率 - 银行议付手续费率 - 佣金率}$$

$$CIF 价 = \frac{货物实际成本 + 国内费用 + 国际运费}{1 - 110\% \times 保险费率 - 利润率 - 银行议付手续费率 - 佣金率}$$

需要注意的是，通过以上出口报价公式计算出的数据往往只是最终出口报价的基础或依据，而与最终出口报价未必一致。这是由于教科书中公式的所有变量都是确定的，而在实际报价工作时会存在许多无法准确掌握的变量，如海运费经常变动，报价时了解的海运价格未必就是出口时的价格；再如，在没有最终签订合同之前，外方采购数量也可能随时变化，这导致固定成本的分摊也发生变化。在这种情况下，公式计算往往是基于预计值或经验值的，从而公式计算的结果实际上是一个估算值。既然计算结果本身就是一个不十分精确的数值，所以出口公司在实际报价时多会根据实际情况，如竞争的激烈程度、对预估值的信赖程度等对计算结果在一定范围内进行增减或取整。

二、出口盈亏核算

出口公司除了可以从利润率的角度对经营情况进行核算外，习惯上一般还利用以下两个指标进行盈亏核算：

（1）出口商品盈亏率：

$$出口商品盈亏率 = \frac{出口商品盈亏额}{出口总成本} \times 100\%$$

其中：出口商品盈亏额 = 出口人民币净收入（FOB 价格）－ 出口总成本

出口总成本 = 货物实际成本 + 国内费用

出口商品盈亏率与利润率在本质上是一致的，都是表示盈利的幅度。利润率以销售收入作为计算基础，而出口商品盈亏率以出口总成本作为计算基础。

（2）出口商品换汇成本：

$$出口商品换汇成本 = \frac{出口总成本}{出口美元净收入}$$

其中：出口美元净收入指 FOB 报价的美元收入

出口企业可将计算出的出口商品换汇成本与结汇时的银行汇率进行比较，如果换汇成本高于银行汇率，则说明出口亏损；反之说明出口盈利。

第五节　外贸企业财务管理

一、外贸企业财务管理工作中应重视的风险与问题

外贸企业在财务管理方面与内贸企业的首要区别在于需要防范收汇风险。虽然内贸企业也存在货款回收风险，但外贸企业要额外面对国际政治冲突、信息不完全、司法壁垒及地理等因素。国际政治冲突有可能导致进口国限制进口企业对外付汇，或进口国政府对出口企业进行制裁；信息不完全导致出口企业对进口企业资信缺乏了解，即可能由于进口企业倒闭、甚至恶意欺骗导致货款无法收回；司法壁垒可能导致我国的司法判决无法在进口国实施，或进口国司法机构不支持我方主张，或司法救济实施成本太高，最终导致司法救济无法实现；外贸工作所涉及的地理范围大大高于内贸工作，发生不可抗力事件的概率较高，这也导致货款无法收回的概率高于国内。由此，收汇风险成为外贸企业在经营过程中，在财务管理方面需要首先考虑的风险。

其次，外贸企业需要防范汇率风险。1994 年 1 月 1 日，作为建设社会主义市场经济的改革措施之一，人民币汇率形成机制进行改革，将双重汇率制度改为单一汇率制度，我国开始实行以市场供求为基础的、单一的、有管理的浮动汇率制。2005 年 7 月 21 日，我国将历时 10 年的与美元挂钩的汇率制度改为以市场供求为基础、参考一篮子货币进行调节，有管理的浮动汇率制度。此后，中国人民银行数次提高银行间即期外汇市场人民币兑美元交易价浮动幅度，在这个过程中人民币对美元汇率历经一个持续升值的过程。2014 年 7 月 2 日，我国取消银行对客户美元挂牌买卖价差管理，市场供求在汇率形成中发挥更大作用，人民币汇率

弹性增强，汇率预期分化，中央银行基本退出常态外汇干预。近年来，人民币对美元汇率呈现双向波动，政治、经济及预期都对汇率产生不同程度、不同方向的影响，汇率波动明显。汇率的波动对外贸企业的经营绩效的影响愈发显著，防范汇率风险成为外贸财务管理的重要内容。

最后，低附加值外贸企业的财务有其自身特点，需要在财务管理中引起重视。改革开放以来，通过积极参与国际分工与自我发展，部分国际竞争力较强的企业的经营模式已经从单纯的外贸出口转向以国外市场当地营销及设立跨国分支机构为代表的跨国经营。而大量仍在从事单纯外贸出口的企业多为附加值较低、技术含量不高的劳动密集型企业。这些企业普遍存在以下的财务特点：一是较高的资产负债率。因为此类企业往往处于行业生命周期的成熟阶段乃至衰退阶段，国内外行业竞争激烈。这决定了该行业内的企业需充分运用负债杠杆来提升竞争能力。二是较低的销售毛利率。由于竞争激烈，并且附加值较低，所以大部分此类企业的毛利率相当低，甚至需要依靠出口退税才可保本。三是高资产周转率。高周转率也与低毛利率相关，如果没有高周转率来补偿低毛利率，外贸企业就无法取得社会平均资本回报率，也就无法生存。只有存在更高的总资产周转率才能支撑净资产收益率，否则该行业的资本将不断地撤离。

二、外贸企业财务管理工作的主要内容

鉴于上述应重视的风险与问题，外贸企业财务管理工作者对于一笔业务的视角就与单纯追求销售额或利润率的销售人员的视角有所不同。具体而言，主要工作应当包括以下几个方面：

（一）更多地从安全收汇的角度对具体业务进行审视

为了"更加安全"，财务管理人员往往建议销售人员在合理的利润范围内尽量争取采用即期收汇的方式进行结算，如果采用远期收汇，也要尽量压缩远期时长。在各种结算方式中，如果对于买方的资信不了解，应尽量争取采用较为安全的信用证等方式。如果条件允许，甚至可以采用国际保理等手段规避风险。此外，要重视对国际政治关系信息及外国企业资信的掌握，为销售人员的最终决策提供信息支持，并提出参考意见。

（二）重视汇率对于经营绩效的影响

在日常工作中重视对于汇率信息的收集，包括各种可能影响汇率变动的因

素，在信息收集的基础上形成企业对于汇率中短期走势的基本判断，进而结合预期收汇时间，为销售定价提供建议。如果存在较高汇率波动风险，可以安排掉期业务进行避险操作。在收汇完成以后，合理安排操作时间，争取在较为有利的汇率下进行结汇。

（三）高资产负债率的情况下，注重融资的决策

融资的方案好坏不仅是财务战略层面的问题，也是公司战略层面的问题。较长的借贷期限可以保证企业短期内财务的相对安全，但需要付出较多的融资成本。短期借贷虽然借贷利率较低，但短期内会面临还贷压力。所以，财务管理人员必须将借贷期限与企业面临的实际情况相结合，争取扬长避短。

（四）重视财务成本控制

由于部分外贸企业毛利润较为微薄，所以企业在经营过程中需要合理控制各种成本，其中就包括财务成本，前文提及的融资成本及结算操作成本都构成财务成本的一部分。所以，融资成本决策不但涉及企业融资安排，而且涉及成本控制；此外，选择合理的结算方式与保险种类也在一定程度上影响财务成本。当然，财务成本的控制往往与财务安全存在一定的冲突，例如较低手续费用的结算方式必然带来较大的收汇风险；较高的融资成本可以规避短期的还款压力。所以，重视财务成本控制不等于将财务成本最小化，而是应结合企业具体实际，将财务成本控制在合理范围。

（五）重视资金周转率

高的资金周转率对于外贸企业来说意味着更多的收汇或付汇机会，这些机会又能够让利用不同市场的不同货币进行创造价值成为现实，从而为企业的财务价值创造打开了广阔的空间。当然，这对财务管理的国际金融业务操作的要求较高，一般企业能力有限，开展类似业务的机会或规模有限。但从基础工作的角度出发，财务管理工作人员完全可以通过促使销售人员缩短收汇期限，并及时合理地安排结汇，以实现资金周转率的提升。

第三章

国际贸易经营实战实训规则

第一节 实训模拟角色介绍

在实际业务中，外贸工作除涉及进出口企业外，还涉及许多相关机构，大体上有：①官方机构，如商务部、海关、商检局、税务局、外汇管理局及贸促会等；②金融机构，如银行；③物流及服务机构，如保险公司、船务公司、货运代理公司及报关行等。

目前，由于许多外贸公司规模较小，从成本角度考虑，一般不专门配备具有资质的报关报检人员，企业一般委托货代公司与报关行代为报关报检。但如果外贸公司配备有相关资质人员，企业是可以自理报关报检的。同时货代公司是船务公司的下游分销商，所以从销售渠道管理的角度考虑，船务公司一般不会与外贸公司直接打交道，而是通过货代与外贸公司发生业务往来，所以外贸公司一般都是通过货代向船务公司订舱。但从法律角度来看，外贸公司是可以直接向船务公司订舱的，国家没有禁止外贸公司直接向船务公司订舱的相关规定。事实上，一些进出口量大的企业就是直接向船务公司订舱的，而无须通过货代。由于货运代理公司及报关行的功能不是不可替代的，所以出于简化的目的，在实训模拟机构中没有设立上述两个机构。

为大力推进贸易便利化，进一步改进货物贸易外汇服务和管理，国家外汇管理局、海关总署、国家税务总局决定，自 2012 年 8 月 1 日起在全国实施货物贸易外汇管理制度改革，并相应调整出口报关流程，优化升级出口收汇与出口退税信息共享机制。在出口贸易单据中取消出口收汇核销单（以下简称核销单），企业不再办理出口收汇核销手续。国家外汇管理局分支局对企业的贸易外汇管理方式由现场逐笔核销改变为非现场总量核查。该项改革对于外贸流程而言减少了出口企业向外汇管理局申领空白出口收汇核销单、填制核销单、收汇后向外汇管理局核销等程序。所以，虽然外汇管理局对外贸公司仍行使监管功能，但已基本上不与企业直接发生联系，故而在实训模拟部门中取消了外汇管理局的机构设置。

除上述四个机构外，本实训还根据实际需要对税务及贸促会没有给予设立，实训中设立的机构有：出口公司（本国公司）、进口公司（外国公司）、出口国商务部、出口国银行、进口国银行、出口国商检局、出口国海关、保险公司及船务公司。这些机构在系统中被称为"角色"，各角色职能及登录账户名称简述如下。

一、出口公司

出口公司是实训模拟的第一主体，主要任务是负责自身经营，具体环节有市场开拓、对外报价磋商、订立合同、采购备货、执行出口流程、收汇结汇、长短期融资及财务分析等。在上述环节中包含多个决策环节，具体在本章第三节中介绍。实训中每小组模拟一家出口公司，出口公司名称可由小组自拟或由教师统一命名，小组任一成员的个人账号都可以登录出口公司界面。小组成员模拟公司中不同职位的工作人员，部分人员具有双重身份，既是管理者也是具体业务人员。实训设定的职位有：总裁 CEO；财务总监 CFO；营销总监 COO（业务员）；企划总监 CGO（报检员）；生产总监 CMO（货代员）；公关总监 CPO（报关员）。

（一）总裁 CEO

CEO 统筹规划本公司的业务运作，分配相关职能，组织团队进行业务分析。在业务上，CEO 具体负责对各总监提出的计划、报告、分析、合同等业务进行审核。

（二）财务总监 CFO

CFO 负责银行贷款，充分分析本公司的资金财务状况，并提出不同的资金获取计划，确保订单的顺利执行；订单结束负责结汇和退税，并负责进行财务报表的编制分析。

（三）营销总监 COO（业务员）

COO 主持交易磋商，进行报价核算和商品报价；主持落实信用证，催开信用证；审核信用证，撰写修改函。

（四）企划总监 CGO（报检员）

CGO 依据所获订单，主持市场预测分析，协同公关总监对广告投入和市场开拓进行规划并决定费用投入数额；（角色为报检员时）主持报检，填写货物报检单，获取商品检验书及相应原产地证。

（五）生产总监 CMO（货代员）

CMO 主持备货，估计备货成本，选择采购方式；（角色为货代员时）主持托运订舱，选择船期、港口，计算托运费用，委托定舱，制作运输单证，领取装运凭证，货物装船，换取提单，发出装船通知，主持投保，估计保费，撰写投保单，填写保险单等单证，投保，获取保险单。

（六）公关总监 CPO（报关员）

CPO 主持市场开拓（广告投入），客户资源的开拓及维护，主持获取出口许可证；当角色为报关员时，主持报关，填写报关单证，向海关报关，缴纳税费。

二、进口公司

进口公司是国外需求方，主要任务是发布需求、与出口方进行磋商、订立合同、申请开立信用证及收货付汇等。进口公司名称及账号可由学生小组自拟或由教师统一命名，并以进口公司账号登录进口公司界面。

三、出口国商务部

出口国商务部是贸易主管部门，在本实训中主要负责出口许可证的审批。商务部账号由教师命名，并用该账号登录商务部界面。

四、出口国银行

出口国银行负责国外来证通知、帮助出口公司收汇及提供融资等任务。出口国银行账号由教师命名，并用该账号登录出口国银行界面。

五、进口国银行

进口国银行负责审核开证申请并开立信用证，对于不符合要求的申请拒绝开证。此外货物出口后，负责审单付款，对于不符合信用证要求的单证予以拒付。进口国银行账号由教师命名，并用该账号登录进口国银行界面。

六、出口国商检局

出口国商检局负责报检受理审核作业，审核结束后发放出口通关单及相关商检证书；此外还受理相关原产地证书发放申请，审核通过后签发相关原产地证书。对于不符合要求的单证予以退回。出口国商检局账号由教师命名，并用该账号登录出口国商检局界面。

七、出口国海关

出口国海关负责接收企业的相关单证进行报关作业，审核结束后结关放行，对于不符合要求的单证退回该单。出口国海关账号由教师命名，并用该账号登录出口国海关界面。

八、保险公司

保险公司负责投保受理及签发保单，对于不符合要求的单证予以退回。保险公司账号由教师命名，并用该账号登录保险公司界面。

九、船务公司

船务公司负责订舱受理、装运、签发提单及其他装运单据。对于无法受理的订舱业务予以退回，拒绝订舱。船务公司账号由教师命名，并用该账号登录船务公司界面。

第二节　实战规则介绍

为了营造逼真的市场竞争环境，并规范实训过程中的竞争行为，在实训中必须制定规则，有关规则介绍如下。

一、订单获取规则及广告投入决策

（1）获取订单规则1：第一年按照广告投入排名，第二年起将结合广告投入与企业资产规模两方面因素进行选单优先权的确定。在实际商业经营中，市场推广与企业自身实力无疑都会对能否获得好的订单产生影响，市场推广力度大或企业自身实力强，则获得优质客户的概率越大。教师可以根据具体情况在软件系统的"外部端口"模块下的"订单获取规则设定"界面中进行广告投入与企业资金权重设定，从而调整上述两方面因素对选单优先权的影响力。

从规则中可以知道，如果公司广告投放力度大，则获得高利润、高销售额订单的可能性就大，这有利于企业经营；但由于广告投放先于订单的获取，所以通过高投入获得理想订单只是一种可能性。完全存在进行了大力度的广告投放，但却无法获得理想订单的情况，这是一种经营风险。所以公司市场和公关人员必须在收益与风险间进行权衡。

（2）获取订单规则2：系统还设置了由教师或外国公司进行人工分配订单的功能，在人工分配订单的模式下，教师可以使用多种自主设定规则来确定如何分配订单，如可以采用招标或拍卖的方式；可以将参训学生分为进出口方，进行自由谈判等；或外国公司根据与出口公司自由磋商的结果，将订单分配给对应的出口公司。如此可以使订单分配方式更为灵活，更加贴近市场。

二、成交规则及报价决策

成交过程中的一个重要步骤是交易磋商，但如何进行交易磋商在很大程度上视采用何种获取订单规则而定。

（1）在获取订单规则1模式下，公司获得订单后才可以进行交易磋商。在此过程中进行发盘、还盘、询盘、接受。由软件提供统一的发盘函格式，发盘函并主要实现三种交易方式：CIF/FOB/CFR的报价、还价，及三种方式下的成本核算方法，发盘函发出后，将通过EDI平台，将发盘函展示给外国公司，外国公司查看该函时，可以进行答复操作，如同意、拒绝、再还价等动作。需要说明的是，还盘只有三次，三次后将撤销该订单。

在报价过程中，价格的重要组成部分是利润与成本。公司价格核算人员必须根据自身成本结构、预期利润目标及成交可能性进行报价决策。

（2）若订单获取模式为获取订单规则2，则交易磋商过程可能出现以下两种情况：①交易磋商过程在订单获取过程中就已经完成，不必等到公司获得订单后才进行交易磋商，如采用参训学生分为进出口方，进行自由谈判的方式；②交易磋商过程被省略，不必进行交易磋商，如采用招标或拍卖的方式。

三、采购规则及决策

在实际商贸活动中，常常看到批发价与零售价的区别，这反映出采购数量与采购单价在一定范围内存在一定的反向关系，即采购数量越多，采购单价就可能越低。实训系统设定四种采购方式，分别是单一采购、批量采购、年度采购及代销采购。其中，单一采购为采购方可以随时向厂家购买供出口的商品，采购数量由出口公司决定，但采购价格较高；批量采购为采购方可以随时向厂家购买供出口的商品，但采购数量由工厂决定，有起订量限制，采购价格低于单一采购；年度采购为每年年初出口公司在还未获得出口订单的情况下可以向工厂采购，采购数量有起订量限制，采购单价最低。以上三种采购方式中的批量采购与年度采购由于将产生库存，所以系统会要求出口公司租用库房，承担仓储成本。而代销采购是指出口公司不用租用仓库，将采购后的产品存放在工厂库房的采购行为，但采购时要符合工厂的采购价格及数量要求。

该规则决定了出口公司采购人员必须进行采购方式与成本的决策，不同的采购方式都会给成本带来利弊两方面影响。单一采购的优点是灵活，不产生库存，这点有利于降低成本；但采购单价最高，这又不利于成本控制。年度采购的优点是采购单价最低，但采购起订量较大，所以企业可能面临产品大量积压的风险。批量采购与代销采购的优缺点恰好介于上述两种采购方式，但由于代销采购出口企业无须承担仓储费用，所以这种采购方式的价格将高于批量采购。出口公司采购人员必须根据本企业经营情况及市场情况等因素合理进行决策，选择适当的采购方式。

四、融资规则及决策

当出口公司自有资金无法支撑继续经营时，公司可以选择向银行进行贷款融资，贷款分为两种：长期贷款和短期贷款。长期贷款在实训期末还贷，但利率较高，起贷数额较高；短期贷款必须在实训模拟时间的每一年度年末还贷，即贷款期限为一年，但利率较低，起贷数额较小。具体贷款利率与起贷数额由教师进行设定。

此外贷款最高数额不能超过上年度所有者权益的两倍，如果是第一年度，则不能超过期初企业现金的两倍。同时贷款数额不能超过当年订单中产品数量与国内采购价格乘积的80%。具体每笔银行贷款的申请由银行进行审批。

除银行贷款外，在临时缺乏资金时，还可以进行民间借贷，利率以日计的高息。具体贷款利率与起贷数额由教师进行设定，民间借贷的放贷由教师审批。

融资的重要作用不仅体现在支撑企业经营，还体现在可以帮助企业获得原本没有能力获得的大额订单，这对于公司的获利与成长是有积极意义的；但另一方面，融资需要付出代价，这就是融资成本——利息，这会增加企业的经营成本。公司财务人员必须结合实际情况和公司目标进行合理的融资决策。

五、订舱规则

外贸活动具有季节性，即所谓的旺季与淡季。例如，西方国家的万圣节、圣诞节的前一两个月往往对于中国出口企业是个旺季，各公司在这一期间出口密集。这种出口的波动会对出口物流造成影响，形成了订舱的旺季与淡季。在旺季时出口公司有可能在装期规定的时间段内无法订到舱位，从而造成出货违约。同时，不同航线的拥挤程度也不同，实际工作中欧美航线就较其他线路相对拥挤，所以不同航线爆舱的可能性也不一样。实训系统通过预先设定每条航线的时间和空余舱位的方式来进行模拟。如果出口公司订舱时已经没有空余舱位，则船务公司不予订舱，此时企业将面临出口违约风险。由此，出口公司货代人员必须合理掌握订舱时间，注意获取舱位信息。

同时系统将在装运时自动核对模拟出口公司出运货物数量与订舱数量是否匹配，如果所定集装箱无法容纳全部出口货物，则船务公司不予装运，进而出口商无法收汇结汇，同时需要支付违约金。系统计算舱位方法为，设定20尺集装箱体积为33立方米，同时，系统中对各种包装及产品尺寸事先设定，具体设定值参见教师端基础数据模块。

六、履约时间约束

按照合同或信用证规定的装期出运货物是正常履约的一个基本要求，但在外贸出口中业务相关人员不能只关注装期，如果其他环节的时间点掌握不到位，同样会造成违约或无法收汇。根据我国相关部门的规定，在外贸出口中至少有以下时间点必须注意：

（1）出口许可证有效期：国家规定需要申领出口许可证的商品，在出口之前必须获得出口许可证。实行"一批一证制"的商品出口许可证有效期为三个月，不实行"一批一证制"的 26 种商品出口许可证有效期为 6 个月。

（2）报关报检时间限制：我国海关一般规定整箱货的截关时间为船舶开航前 24 小时，如船舶在 2018 年 7 月 19 日上午 10 点开航，则在 2018 年 7 月 18 日上午 10 点之后不再受理由该船出运的货物的报关业务。所以，如果超过截关时间报关，一般情况下无法出运，进而造成违约。国家没有对报检时间做出规定，但在报关前必须获得商检局出具的通关单。

（3）原产地证书申请时间：一般原产地证书必须最迟于货物装运前三天提出申请，普惠制原产地证书必须最迟于货物装运前五天提出申请。

（4）交单时间：在信用证结算方式下，货物出运完毕后，出口公司需在规定时限内向出口方银行提交相关单证以便收汇。上述时限为信用证有效期与信用证规定的交单时间（一般为装运后 15 天或 21 天，如果信用证没有规定交单日期，根据"UCP600"规定，则默认交单期为装运后第 21 个日历日）两者中较近的那个。如果超期，则开证行有权拒付货款。

实训系统对上述时间点都进行监控，如果出口公司无法在规定日期内出运货物或延迟交单，则视为违约或信用证失效，最终都无法收到货款。

七、变更交货条件及违约惩罚规则

在履行合同过程中，出口公司在事先规划存在缺陷或遇到意外情况时，可能需要变更交货条件，例如，所定航线爆舱，需要推迟装运等。此时，出口公司可以通过系统提示提请进口公司变更交货条件，但是否变更由进口方决定。如果进口方不同意变更，则出口公司很可能就会发生违约。由此，出口公司除需要承担货款无法收汇的后果外，还需要扣除违约金，作为对进口方商业利益损失的救济。即使进口方同意变更，在实际工作中外方也往往利用这种机会进行压价，所以此时出口公司将被收取一定数额的变更费用，造成利润减少。具体违约金比例及变更费用数额由教师设定。

八、成本费用规定

在经营过程中，出口公司的成本除去采购成本（如果存在退税，则为实际成本）、海运费及保险费外，还包含国内费用。例如，过程中设定的国内费用包含报检费（100 元/次）、报关费（100 元/次）及管理费（40 000 元/年）等，具体参见第四章第二节中费用设置。

管理员操作介绍

　　在分布式的实战演练过程中，系统将在学生终端（指以学生账号登录系统后出现的界面）、教师终端（指以管理员账号登录系统后出现的界面）及外部环境终端（指模拟外部单位的账户界面，例如进口商，海关、商检等）之间进行数据交互与应答，所以完成流程中的任一环节所需的操作都可能涉及上述三个终端。在下文中，将学生终端、教师终端及外部环境终端简称为学生端、教师端及外部环境端。由于管理员由教师担任，所以实训的所有基础数据设置是由教师负责的，教师是介入实训过程的第一人。以管理员账号登录系统，进入教师端，此时系统界面如图4-1所示。

　　如图所示，在界面左侧的系统菜单由"应用列表""应用管理""财务分析""基础数据""比赛结果""外部端口""用户信息"及"系统用户管理"等模块组成。其中，"用户信息"用于维护管理员自身信息，"应用列表"功能与学生端的"应用列表"功能一致，将在第五章中具体介绍。本章具体介绍"应用管理""财务分析""基础数据""比赛结果""外部端口"及"系统用户管理"的模块功能。

图 4-1　教师端系统界面

第一节　系统用户管理介绍

系统用户管理主要是实现用户数据添加维护、角色分配及权限管理等功能，该模块下的菜单介绍如下。

一、用户管理

用户管理菜单用来实现系统用户的添加、修改及删除功能，界面如图 4-2 所示。

在该界面上单击"新增"，可以增加用户记录，在增加用户记录时，需注意选择正确的用户角色，关于各种角色的职能已在第三章中予以详细介绍。其他需录入信息包括用户名（用于登录系统）、昵称、Email、所属公司等。这里用户所属公司可以在下拉菜单中进行选择。如果下拉菜单中没有可供选择的公司名称，则为教师未在"基础数据"模块中的"公司管理"中设置相应的公司记录，此时可以先不进行用户所属公司设置，事后再通过"基础数据"模块中的"公司管理"中的相应操作进行设置，该操作将在下文中予以介绍。同时如果此时设置用户所属公司未设置正确，也可以在"公司管理"模块中进行调整，如图4-3所示。

图4-2　用户管理菜单界面

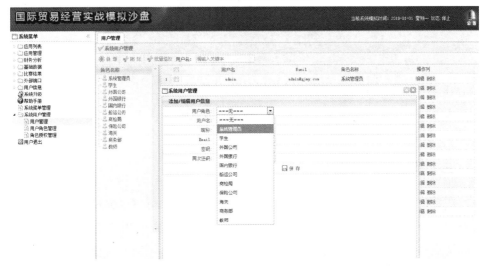

图4-3　用户所属公司调整界面

在界面中列出的用户记录后单击"编辑"或"删除"可以实现单个记录信息的修改或删除功能，此外，如果在界面中列出的用户记录前进行勾选，并单击界面上的"删除"或"批量修改"，可以实现多条记录一次性的删除与信息修改功能。

二、用户角色管理

本书在第三章中介绍了系统中设定的九类模拟角色，用户角色管理的作用正是管理角色信息，如图4-4所示。通过"编辑"，可以实现信息的变更。同时通过"新增"及"删除"可以实现角色种类的增减，但一般不建议对此进行操作，特别是"删除"。

图4-4　用户角色管理界面

三、角色授权管理

在系统中对用户采用分级管理的方式，即系统管理员可以管理所有用户，为所有用户分配操作使用权限，而拥有"用户管理"权限的用户也可以管理与自己同组织的用户。采用分级管理的方式，就可以明确各组织的责任，使各组织可以相对独立的完成各自分内的工作。权限设置是用来设置不同角色的用户的操作权限。由管理员对用户的注册信息进行审查，若审查通过则可以继续给用户赋予相应的操作权限，如图4-5所示。

图4-5 权限设置界面

第二节 基础数据

基础数据模块主要用于系统各种参数的设置，具体功能介绍如下。

一、系统启用年份设置

本实训系统是按数个系统虚拟年为一个操作周期来模拟实战的，系统虚拟年指系统虚拟时间一年。由此在实训开始时首先要确定系统当前的虚拟年份，设置一次后可以根据运作规则选取不同的启用年份。年份由老师按一年为单位进行设置，年份一次只能启用一个，作为操作公司登录后的操作年份。通过单击"新增"可以增加年份设置。在年份记录后单击"编辑"，在编辑窗口中选择"是"，可以启用该年份，如图4-6所示。

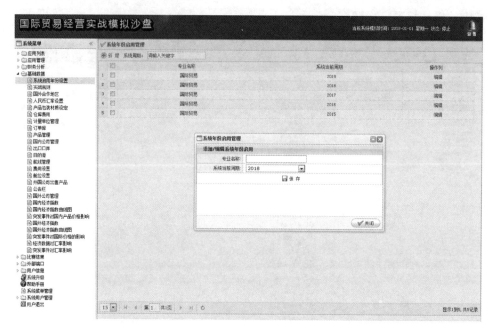

图4-6 系统年份启用管理界面

二、人民币汇率设置

在外贸工作中涉及本外币兑换问题，汇率在很大程度上影响企业的经营成果。系统针对这个问题设置美元与人民币的兑换汇率，并会根据该汇率自动进行相应换算，设置界面如图4-7所示。

三、产品包装材质设定

在进行价格核算时国际运费是重要的影响因素，而运费与包装尺寸直接相关。通过设定包装种类和尺寸，可以为运费计算提供依据。教师可以根据需要，在界面中通过"新增"来增加包装种类，通过"编辑"可以更改包装尺寸，如图4-8所示。

图4-7 人民币汇率设置界面

图4-8 产品包装材质设定界面

四、仓库费用

模拟公司在选择批量采购时，若采购数量超过订单数量，便会形成库存，此时公司需要租用仓库，该行为将增加经营成本，仓库费用设置如图4-9所示，具体计算参见第六章第一节。

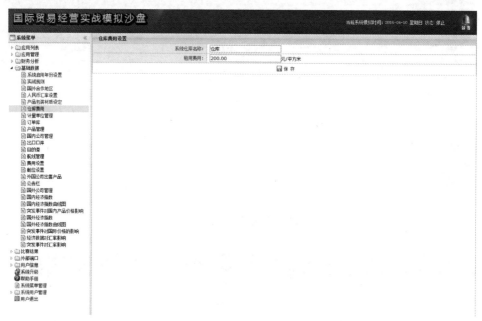

图4-9　仓库费用设置界面

五、订单库

市场订单是每年业务开始的基础，在第三章实战规则中介绍了如何在发布的市场订单中选单。教师可以事先在"订单库"中编辑设计好订单，当实训开始时进行发布，如图4-10所示。

六、产品管理

在"产品管理"中教师可以增减实训中用于虚拟交易的产品种类和编辑产品信息。产品信息中的"国内价格"即为出口公司在国内通过单一采购方式采购此种商品时的价格，而"国际参考价"表示进口公司在国际市场上成交该商品的平均价格，该价格可以作为买卖双方进行价格磋商的参考。如图 4-11 所示，可进行产品种类增减及信息编辑。

图 4-10　订单库设置界面

图 4-11　产品管理界面

七、公司管理

教师可以通过界面中"公司管理"选项卡进行出口公司的增减，单击"新增"，并在弹出的对话框中填写相应内容并保存就可以增添出口公司。事后通过"编辑"可以对公司信息进行修改。当需要在"系统用户管理"模块中"用户管理"界面里新增用户时，只有在此处登记过的出口公司的名称才会出现在"所属公司"的下拉菜单中，如图4-12所示。

图4-12 公司管理界面

八、实战规则

实战规则是整个系统的一个周期的操作规则，实战规则设置包括了规则名称、市场、订单规则、规则的运作周期、当前规则下的操作公司。通过"新增"可以增加规则，在弹出的"实战规则管理"对话框中进行相应填写与选择，起始周期为公司运作的起始年份，结束周期为运作的结束年份。其中，只有在"系统启用年份设置"中登记的启用年份才会在起始周期下拉菜单中出现。订单规则为选单优先权确定的标准。在"公司"框中进行参与实训的虚拟公司的选择，只有被选中的公司才能够进行运作。在对话框中选"是"并保存，该规则将被立即启用。若选"否"并保存，则该新增规则不会被启用。此外还可通过"编辑"对已有规则进行修改。一条规则启动后其他规则将自动关闭，如图4-13所示。

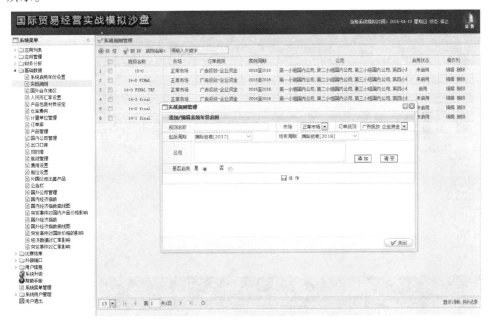

图4-13 实战规则管理界面

九、出口口岸、目的港及航线管理

系统可以预先设定出口口岸与目的港，被系统记录的出口口岸与目的港可供教师在编制订单时作为出口地与目的地使用。出口口岸、目的港的设置方法为进入"出口口岸"或"目的港"，在界面中可以进行记录增减或修改，如图4-14及图4-15所示。

国际海运费是构成价格的重要组成部分，一般情况下，不同的出口地与目的地的运费不同，从而构成包含运费的出口报价的不同。为了模拟现实中运费对价格的影响，本系统根据出口口岸与目的港的设定，形成不同航线，并且规定了各航线的开航日期、运费及可用舱位等信息。教师可以通过进入"航线管理"界面，单击"编辑"，修改以上信息，如图4-16所示。

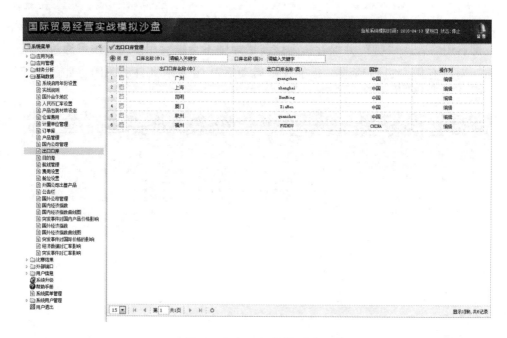

图 4-14　出口口岸管理界面

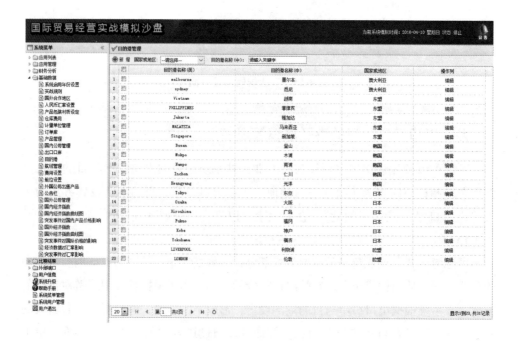

图 4-15　目的港管理界面

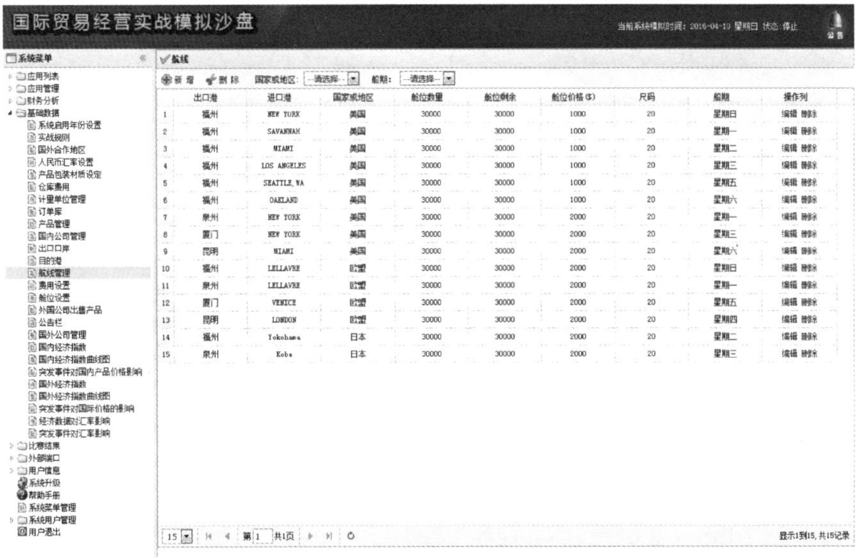

图 4-16 航线管理界面

十、费用设置

在出口报价中除了需要考虑货物成本、国际运费与利润外，还须考虑其他可能发生的费用，教师可以通过"费用设置"界面设定在实际工作中可能遇到的费用额或费用比例，如图 4-17 所示。

图 4-17 费用设置界面

十一、公告栏

公告栏（国际贸易经营实战数据库）位于界面的正上方，主要用来显示各项行业新闻，是国际贸易经营实战的实时数据库，包含中国、美国、欧盟、日本、东盟、巴西、俄罗斯、澳大利亚、加拿大、韩国、南非等世界主要经济体的经济数据库，如图4-18所示。

图4-18 公告栏界面

十二、宏观经济数据

以下各类国内外的宏观经济数据，随时间不断波动并最终影响价格。

（一）国内经济指数

设定月经济增长率、通货膨胀率、行业景气指数、采购经理人指数，这些经济数据会对资源类、中间类、必需品类产品的国内市场价格产生不同影响。通货膨胀率对日常用品价格比较敏感，经济增长率对资源性产品价格比较敏感。每当系统走到规定的时间点时，这些经济指数将自动影响国内公司的采购成本，如图4-19所示。

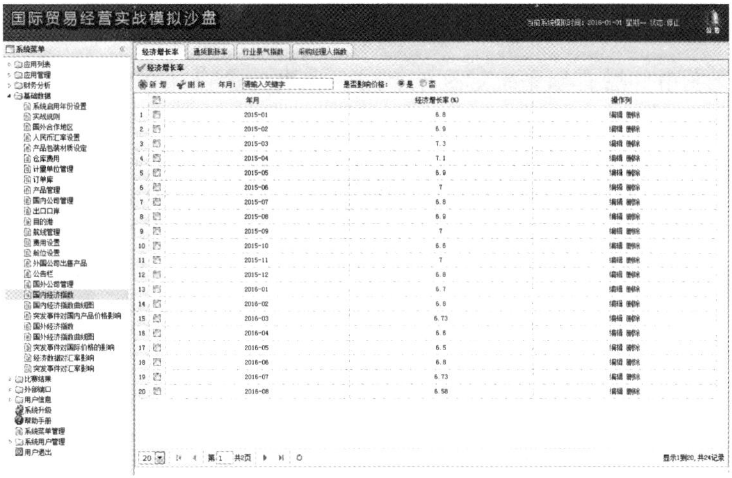

图 4-19　国内经济指数界面

（二）国内经济指数曲线图

对国内经济数据用曲线的形式进行显示，国内公司可以根据该曲线的变化趋势来判断未来产品采购成本的走势。另外，国内经济指数和国外经济指数曲线图基本相似，都以月为单位设置，如图 4-20 所示。

图 4-20　国内经济指数曲线图界面

（三）突发事件对国内产品价格影响

设置突发事件后，当系统走到该点时，该事件会自动在公告栏中显示，并影响国内公司产品价格，如图 4-21 所示。

图 4-21　突发事件对国内产品价格影响界面

（四）国外经济指数

分别设置经济增长率、通货膨胀率、行业景气指数、采购经理人指数，这些经济数据会对资源类、中间类、必需品类产品在国际市场的销售价格产生不同的影响。通货膨胀率对日常用品价格比较敏感，经济增长率对资源性产品价格比较敏感。每当系统走到规定的时间点时，这些经济指数将自动影响这些产品在国际市场的销售价格，如图 4-22 所示。

（五）国外经济指数曲线图

对国外经济数据用曲线的形式进行显示。国外公司可以根据该曲线的变化趋势来判断未来产品销售价格的走势。另外，国外经济指数和国内经济指数曲线图基本相似，都是以月为单位设置，如图 4-23 所示。

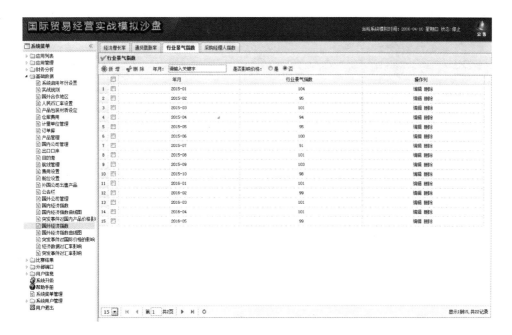

图 4-22　国外经济指数设置界面

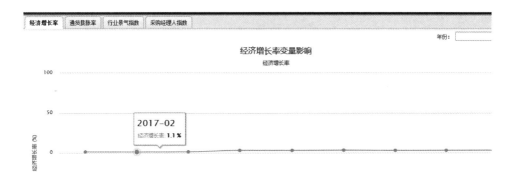

图 4-23　国外经济指数曲线图界面

（六）突发事件对国际价格的影响

设置突发事件后，当系统走到该点时，该事件会自动在公告栏中显示，并影响国际市场上的销售价格，如图 4-24 所示。

（七）经济数据对汇率影响

设置经济数据对汇率的影响，通过对比国内外通货膨胀率和国内外经济增长

图 4-24　突发事件对国际价格的影响界面

率等对汇率的影响来设置人民币贬值还是升值。单击新增，填入年月后，系统自动调出数据，教师只需填入汇率变化的数值并填写原因，如图 4-25 所示。

图 4-25　经济数据对汇率影响界面

（八）突发事件对汇率影响

设置突发事件对汇率的影响，当系统走到预制的时间点时，会触发突发事件，这时该条新闻会在公告栏上滚动，并自动影响人民币汇率，如图 4-26 所示。

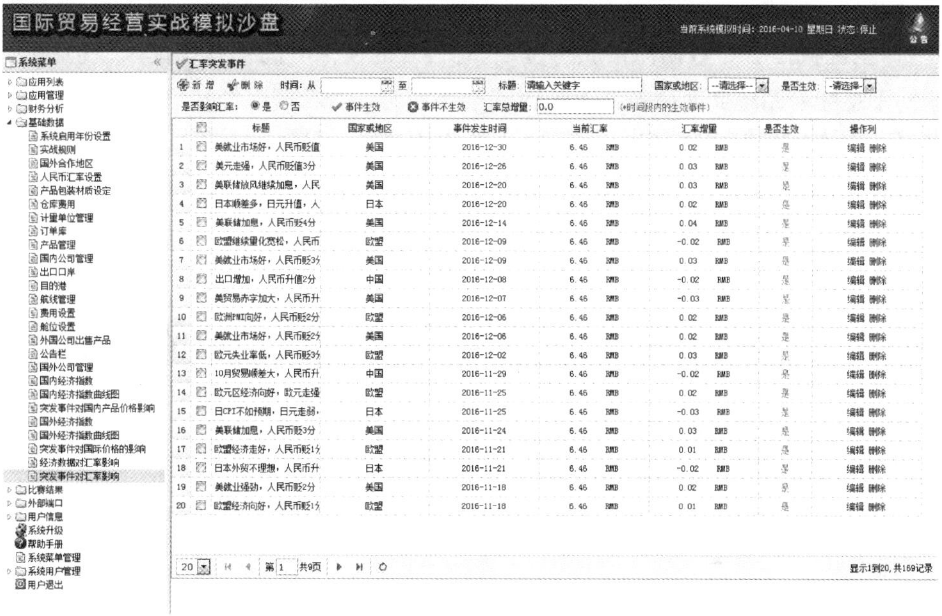

图 4-26　突发事件对汇率影响界面

第三节　外部端口

外部端口的功能主要是设置系统运行的环境参数，具体介绍如下。

一、系统时间设定

由于系统是在脱离实际日历时间的模拟时间控制下运行的，所以必须对系统当前模拟时间的具体数值、模拟计时开始及停止、模拟时间的流逝速度等参数进行设置，如图 4-27 所示。

在界面中的"年份""月份""日期"及"小时"参数中输入希望模拟的具

体时间值，同时也需要对"放大倍数"参数进行设置，该参数表示当实际日历时间流逝一分钟时，系统模拟时间流逝几小时，教师可以根据实际情况利用该参数调节模拟时间流逝速度。例如，将放大倍数设为30，则表示当实际时间流逝一分钟时，系统模拟时间将流逝30小时。参数输入完成后点击"设定模拟时间"，系统将提示"数据保存成功"。此时输入的模拟时间被系统记录，但注意，这并不意味着系统此时就按该模拟时间开始计时。若希望系统按该模拟时间开始计时，则需要单击"启动模拟时间"，系统将提示"启动成功"，使用者此时可以看到界面右上方的"系统模拟时间"已经变更为之前设定的日期。若希望系统时间停止，则可单击"关闭模拟时间"。系统时间关闭后将不再流逝，直至再次被启动。

图4-27 系统时间设定界面

二、市场竞争方式设定

经济学中一般将市场划分为完全竞争、垄断竞争、寡头及完全垄断四种结构，在不同的市场结构中微观主体的行为不尽相同。系统中对模拟出口企业所生存的市场环境也进行了类似的设定，假设了自然垄断、差别竞争、挤出竞争等市场结构。教师可以事先假定模拟出口公司所面临的市场结构，进而引导学生采用不同的竞争策略进行演练。目前系统默认的市场结构为自由竞争模式，即所有模拟公司的起点是相同的，同时在初始阶段所有参与者的信息都是对称的。设定界面如图4-28所示。

三、订单获取规则设定

在前面章节中我们介绍了实训规则，其中提到在第二年度开始时订单选择的优先权顺序将由两个因素决定——广告投入与企业资金，教师可以根据实际情况对这两种因素的权重进行调整，"订单获取规则设定"的功能就在于此。教师可以在相应位置输入希望赋予的权重值，然后单击"保存"，如图4-29所示。

图4-28 市场竞争方式设定界面

四、EDI接口开关设定

EDI技术的发展给国际贸易带来诸多便利，大大促进了国际贸易的发展。对于国际贸易工作者而言最直观的感受应当就是单据传递的便捷与单证制作的便利。本系统中的所有单证传递与制作均可模拟为EDI方式，具体表现为大量单据信息可以不必人工重复输入，数据自动采集以及相关单据审批的自动应答等，如

图 4-30 及图 4-31 所示。

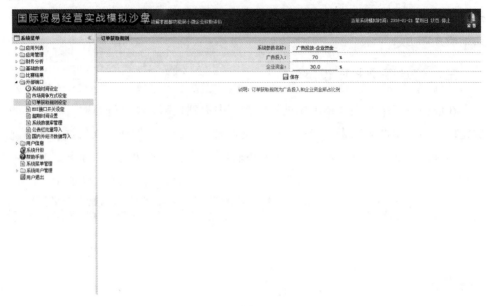

图 4-29 订单获取规则设定界面

图 4-30 EDI 接口开关设定界面

图4-31　EDI端口设定界面

图4-30所示界面中的各"端口"表示与模拟出口公司有业务及单证往来的外部单位，如海关、商检、银行等。选中希望设置的端口（单位），单击"编辑"进入图4-31所示界面。在界面中有三个选择项，分别为"自动""开启"及"关闭"。若选择"关闭"，表示在与该端口进行单据应答时，不模拟EDI功能，此时所有单据的所有数据文字均需人工输入；若选择"开启"，则此时系统模拟EDI数据传输及采集功能，具体表现为对于合同中已经体现的关键数据及信息，如果在之后的其他单证制作中需要被再次体现时，无须人工输入，系统将自动将其写入单证，如买方、卖方、单价、数量等。在该模式下可以节省大量制单时间并杜绝差错遗漏。如果选择"自动"，则该端口与模拟出口公司的单据应答自动化，即当出口公司发送证据向该端口单位提起申请或要求审批时，系统将自动回应出口公司的申请，自动批准或放行，并自动签发有关单证。该功能的实质是由计算机来扮演相应外部单位角色，由此可以大大减轻教师及学生的工作强度。在未选择"自动"的情况下，必须由教师及学生来扮演外部单位角色，与出口公司进行应答。

五、超期时间设置

系统利用模拟时间对交易全过程进行监控，如图 4-32 所示，监控的重点是学生对履约各时间点的把握。在该功能中教师可以对多种国际贸易中的时间节点进行设定：结合实际业务时间情况，对系统中结汇交单、报关时间、报检时间等的操作时间不能迟于装运期多少天进行设置，如设置报检时间比装运期早 7 天，则如果做报检操作时的系统时间已经超过这个时间，系统会提示进行改签操作。如果结汇交单迟于合同中实际装运时间，超过了系统设定的期限，则交易作废，记入公司的损失费用中，没有任何销售收入。

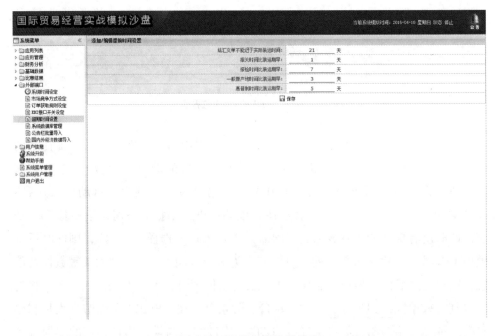

图 4-32　超期时间设置界面

六、系统数据库管理

在系统数据库可以对国际贸易沙盘系统进行备份和还原，第一次使用该系统时，建议在设置完所要求的基础数据后，先使用该功能对数据库进行一次备份，方便以后还原。这里的备份路径为 D：\\data\\，在编辑页面中有几个需要注意的地方：这边的用户名和密码是教师数据库的用户名和密码，若为默认安装则用户名为：root，密码为 root 或空。端口号为 3306，数据库路径一般为 C：\\Program Files\\MySQL\\MySQL Server 5.5\\，也有可能安装在 D：\\Program Files \\MySQL \\MySQL Server 5.5\\。可以用搜索按钮先搜索，如果搜索不到的情况下，再自行填写，在保存前要先做数据库连接测试并保存，然后进行备份操作，如图 4-33 所示。

图 4-33　系统数据库管理界面

七、公告栏批量导入

公告栏数据可以批量导入，如图 4-34 所示。

八、国内外经济数据导入

所有国内外经济数据可以批量导入国际贸易经营实战数据库，如图 4-35 所示。

图 4-34　公告栏批量导入界面

图 4-35　国内外经济数据导入界面

第四节 应用管理

应用管理模块中菜单功能基本与学生端及外部环境端中相应位置的菜单功能一致，对于这些菜单功能本书将在第五章中从学生端的角度进行介绍。在本节中唯一需要介绍的是应用管理模块中的"广告排名"菜单功能。如图 4-36 所示，该界面即为广告排名界面。

图 4-36 广告排名界面

在实战过程中，需要考虑如何给模拟出口公司的学生小组分配出口任务。目前系统先由教师（管理员）在实训前在"订单库"中保存预设订单（具体操作参见本章第二节），后通过进口商端中的"市场订单管理"有选择地将某些预设订单发布，而各出口公司可以读取被发布的订单信息。此后系统就需要决定订单在出口公司之间的分配问题。决定分配的主要方式是各出口公司要通过投放广告来争取选择订单的优先权，广告投放越多，选单的优先权就越高（具体选单规则参见第三章第二节，这里不再累述）。一旦有小组投放广告（具体投放流程将在第五章中予以介绍），该投放记录就会出现在教师端的"广告排名"界面中。当所有模拟出口公司的学生小组的广告都投放完成后，教师可在"广告排名"界面中单击"关闭广告投放",此时广告投放结束,学生无法对之前的投放数额进行更改。如需更改,教师可单击"开通广告投放",此时学生可以追加广告投放量,但不能减少。该界面将自动对投放量进行排序,从而影响学生小组的选单优先权。如果有数个出口公司投放量相同,系统将按投放时间先后进行排序。

第五节 财务分析

一、国内公司财务明细表

国内公司财务明细表反映国内公司收入、出口费用、利润等,能够详细和直观地反映在该年度公司的收入支出情况。教师在系统管理员端,能够查询所有公司各年的财务明细,并查询某公司某年具体的财务明细表,如图 4-37 所示。

图 4-37　国内公司财务明细表界面

报关费、报检费、投保费等费用的扣除,是在国内公司单击"提交"的时候,系统自动按照老师在基础数据费用设置中所设置的费用进行扣除。在单击表单中的"保存"时，不进行扣费操作，所以可以保存多次，提交只能够一次，当单据在相关部门审核不通过时，国内公司需要再次修改后提交，此时需要再次扣除费用，这样更符合实际。银行还款时，扣除的是本金和利息，按年利率算，不足一年，按一年算。相关费用的设置都在基础数据的费用设置中，由教师根据情况进行修改。

二、国内公司利润排名

教师可以在"财务分析"中选择"国内公司利润排名"，查看各小组以出口利润为依据的排名情况，如图 4-38 所示。

图 4-38　国内公司利润排名界面

三、对国内公司评价

教师可以在"对国内公司评价"中，针对个别小组在业务过程中的表现或特殊情况进行增加金额和扣减金额，如图 4-39 所示。

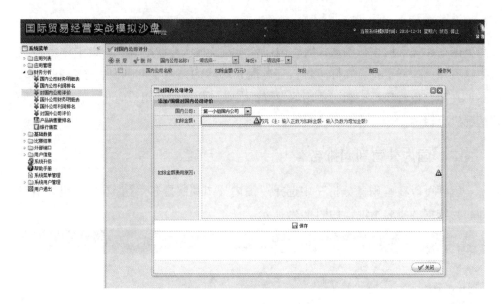

图 4-39 对国内公司评价界面

四、国外公司财务明细表

国外公司财务明细表反映国外公司在该年度的公司收入支出情况，如图 4-40 所示，教师可以按年度查询所有国外公司各年度的财务明细表。

图 4-40 国外公司财务明细表界面

五、国外公司利润排名

教师可以在"国外公司利润排名"中，实时查看各国外公司按进口利润的排名情况，如图4-41所示。

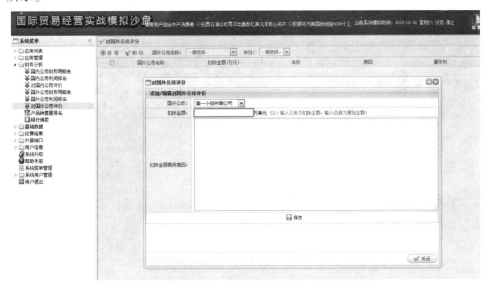

图4-41　国外公司利润排名界面

六、对国外公司评价

教师可以针对特殊情况，对费用设置之外的费用进行增加和扣减，如图4-42所示。

图4-42　对国外公司评价界面

第六节　比赛结果

除了按公司利润进行考核实训成果，教师还可以在"比赛结果"模块设置实训考核内容及分值，更全面地考查实训成果。

一、分比设定

设定应收款、汇率盈亏、损失费、库存、税后利润、违约在评价体系中的比值（考核指标）。可以根据设定的不同，考察学生的不同能力，如图 4-43 所示。

图 4-43　分比设定界面

二、比赛成绩

教师可以根据情况修改设定的考核指标，系统依次自动计算每个小组的成绩，如图 4-44 所示。

图 4-44　比赛成绩界面

三、总分排名

系统根据设定的考核指标，自动对所有小组的成绩进行先后排名，如图 4-45 所示。

图 4-45　总分排名界面

第五章

实战端口介绍

　　在实战演练过程中，系统将在学生端、教师端及外部环境端之间进行数据交互与应答，所以完成流程中的任一环节所需的操作都可能涉及上述三个终端。由于学生是实训演练的主体，所以在本章中对软件功能的介绍是以学生端界面为主线展开的，当所介绍的学生端操作需要与其他终端进行交互配合时再对教师端及外部环境端的相应操作进行介绍。参训学生以学生账号登录系统进入学生端后，即可看到模拟出口公司界面，该界面如图 5-1 所示。

图 5-1　模拟出口公司界面

如图所示，在界面左侧的菜单中有"应用列表""应用管理""财务分析""基础数据""比赛结果"及"用户信息"等模块。"应用列表"模块的主要功能为执行经营及贸易流程，"应用管理"模块的功能为信息查询，"财务分析"模块的主要功能为财务数据明细，"基础数据"模块的功能为交易基础信息查询，而"用户信息"模块用于用户个人信息维护。下面将对"应用列表"与"应用管理"中的菜单功能进行具体介绍。

第一节　学生端应用列表功能介绍

参训学生以学生账号登录系统，单击"应用列表"，则在应用列表下将展开新菜单，如图 5-2 所示，菜单中功能如下。

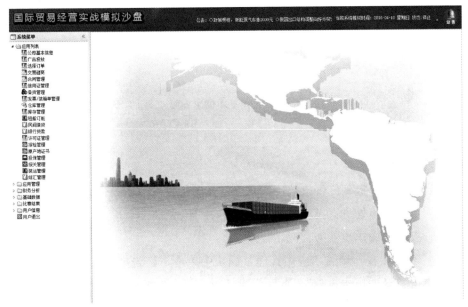

图 5-2　应用列表界面

一、公司基本信息

参训学生经由系统记录用户名并由教师分组后，即可使用该用户名登录系统。登录后可通过"公司基本信息"界面对本小组模拟的出口公司信息进行维护修改，如图 5-3 所示。信息中"注册金额"一项不能被学生修改，该项修改权限属于教师，修改方式参见第四章中"公司管理"。

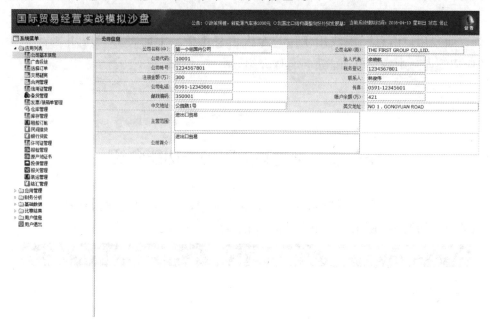

图 5-3 公司基本信息界面

二、广告投放

在实训规则中提到广告投放位次是决定选单优先权的重要因素，模拟出口公司相关人员可在该处进行投放。

广告投放的操作步骤为：

（1）教师在教师端的"应用管理"模块中单击"广告排名"，在出现的界面左上方单击"开通广告投放"，此时学生才可进行广告投放。

（2）学生进入学生端的"应用列表"模块，单击"广告投放"，单击"新增"，在弹出的对话框中输入投放金额，单击"保存"，如此广告投放完成，如图 5-4 所示。

（3）当所有小组都投放完成，教师关闭广告投放功能以结束广告投放。此时教师可将排名结果公布，让各小组知晓自己的位次情况，如第四章图 4-36 所示。

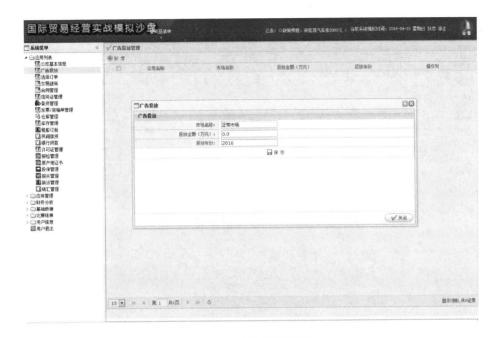

图5-4　广告投放界面

三、选择订单

当广告投放完成后，出口公司就可进行订单选择。具体步骤如下：

（1）以进口公司账户登录系统，进入进口公司端界面。在界面中进入"应用管理"下的"市场订单管理"界面。在该界面中选择"订单库"选项卡，此时界面中将会列出已经记录在系统中的备用订单，如图5-5所示。之后在将要发布的备用订单前勾选，再单击"添加所选订单"，此时被勾选的订单就被发布，单击"订单市场管理"选项卡就可以看到发布的订单列表，如图5-6所示。

注意，以上订单发布步骤完全可以在广告投放前完成，建议教师在广告投放前就发布订单，这样学生在投放广告时即可看到市场订单的总体情况，从而使投放广告更有针对性。

（2）学生登录系统，进入出口公司界面。单击"应用列表"下的"选择订单"，此时可以看到与图5-6类似的已发布订单列表及订单详细内容。但此时学生尚不能进行订单选择，若教师认为学生可以开始选单，需要教师在教师端的"应用管理"下的"订单管理"界面的右上方中单击"开启订单选择"。此时学生可以按照系统给出的订单先后顺序进行选单，当某模拟公司获得选单权时，

图 5-5 订单库界面

图 5-6 订单市场管理界面

"应用列表"下的"选择订单"界面中的订单记录前将出现勾选框,学生可以在中意的订单前进行勾选,如图 5-7 所示。所以在此阶段,各模拟公司人员需要经常刷新界面,随时注意是否已经轮到本组进行选单。

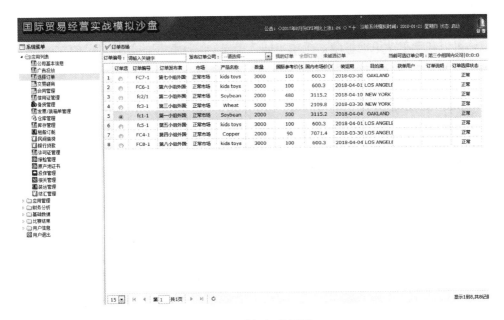

图 5-7　选择订单界面

（3）教师确认各模拟公司均已选单后，在教师端单击"关闭订单选择"，此时选单结果将被保存。学生端的"订单选择"界面与教师端的"市场订单管理"界面中均可看到订单选择的结果，图 5-8 所示即为教师端"市场订单管理"界面。

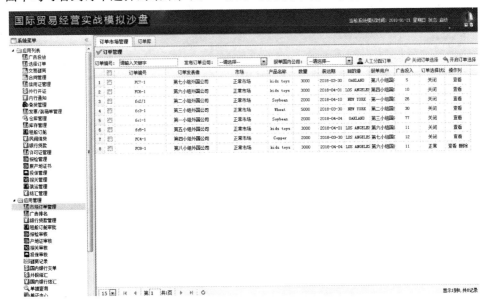

图 5-8　市场订单管理界面

同时在图 5-8 所示的界面中可以看到"人工分配订单"控件，利用该控件，教师可以在选单结束前屏蔽系统给出的选单先后顺序，按照教师自己的意愿将未被选择的订单进行直接分配。

四、交易磋商

由于出口公司此时获取的所谓"订单"实质上只是市场需求，是"发盘邀请"，所以在"交易磋商"中，出口公司与进口公司要完成发盘、还盘及接受、拒绝的动作。操作步骤如下：

（1）学生单击"交易磋商"，界面将出现已获取的订单记录，在记录末尾有"交易磋商"字样，单击该字样，出现发盘界面，如图 5-9 所示。在该界面中，出口公司可以填写发盘信息，填写过程中如果需要暂时离开该界面或信息填写完毕但暂时不发送，可以单击下方的"保存"，如此信息将被保存，下次打开还可继续编辑或进行修改；如果确认发盘信息无误，可单击下方"提交"，如此发盘信息就被发送至进口方。在其他表单填写界面中的"保存"与"提交"功能都与此处一样，下文中对此功能将不再赘述。

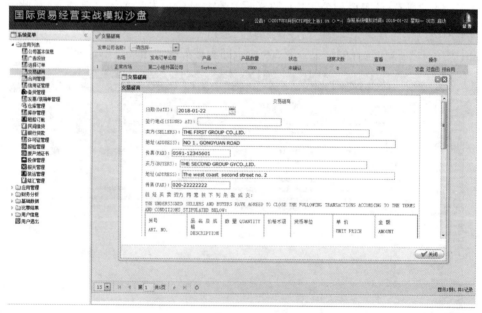

图 5-9　发盘界面

（2）当出口公司发盘完毕，在进口公司端"应用列表"下的"交易磋商"中将出现如图 5-10 所示的界面。当"操作"栏中出现"发盘函 预合同 同意 不同意"信息时，说明获得该订单的出口公司已经发盘。单击其中的"交易磋商"字样，进口公司可以看到发盘的详细信息，如图 5-11 所示。

图 5-10　交易磋商界面

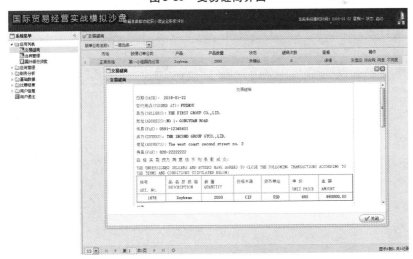

图 5-11　发盘详细信息

此时进口公司可以根据发盘信息做出决定，单击相应的"同意"或"不同意"字样。若同意，则表示接受发盘；若不同意，将出现如图 5-12 所示的消息窗口，进口公司可以将不同意见反馈到出口公司，此时出口公司可以再次发盘。

图 5-12　拒绝发盘界面

（3）当进口公司接受发盘后，出口公司端"交易磋商"界面中订单记录的"状态"一栏将显示为"确认通过"，如图 5-13 所示。此时出口公司可以进入签订合同阶段。

图 5-13　接受发盘界面

五、合同管理

磋商后的订单可启动合同签订功能，进行合同制作、签署及回签。

（1）在学生端进入"合同管理"，如图 5-14 所示。单击"新建合同"，此时由后台系统提供合同范本，通过数据采集，对在交易磋商阶段已经确认的信息进行自动填写，单击"提交"发给进口公司，如图 5-15 所示。

图 5-14　合同管理界面

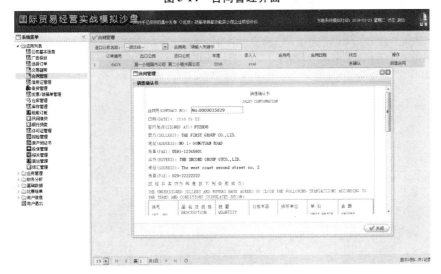

图 5-15　合同缮制界面

（2）进入进口公司端，单击"合同管理"，出现如图 5-16 所示界面。进口公司可以再次对出口公司发送的合同进行审查，进而确认回签合同或对合同进行修改。单击"确认"后，合同将被回签，此时合同正式成立，如图 5-17 所示。

图 5-16　合同管理界面

图 5-17　合同成立界面

（3）合同成立后，在进口公司界面中可以单击"信用证申请"，出现如图 5-18、图 5-19 所示的信用证申请书填写界面。

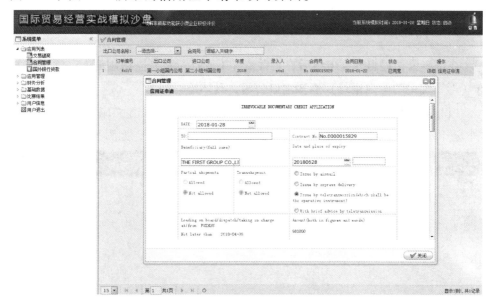

图 5-18　信用证申请书填写界面 1

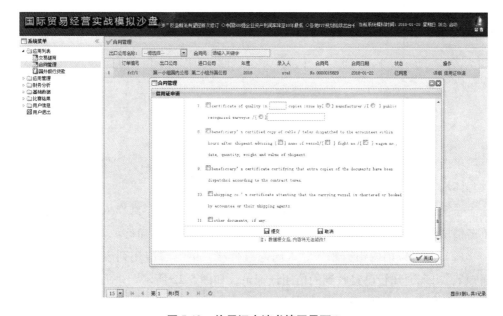

图 5-19　信用证申请书填写界面 2

在该界面中按要求完善信息后，单击"提交"，此时该份信用证申请书就发往开证行（即系统中的外国银行）。

六、信用证管理

在进口公司提出开证申请后，正常情况下开证行将开立信用证，并通过通知行（即系统中的国内银行）通知出口公司，具体流程如下：

（1）由教师使用外国银行账号进入外国银行端，单击"应用列表"下的"外行开证"，出现由进口公司提交的开证申请书记录列表，如图5-20所示。

图5-20　外国银行开证审批界面

单击"开信用证"，进入如图5-21所示开立信用证界面。如果"操作"栏下没有体现"开信用证"字样的表示该记录的信用证已开立。

系统通过数据采集自动生成一份 SWIFT 格式信用证，操作人员要做的只是单击信用证下方的"提交"按钮，此时该信用证被发往通知行。

（2）教师以国内银行账号登入国内银行端，单击"应用列表"下的"内行通知"，出现通知行已经收到的信用证记录，如图5-22所示。进而单击"发送信用证通知书"，此时信用证副本将被发往出口公司。

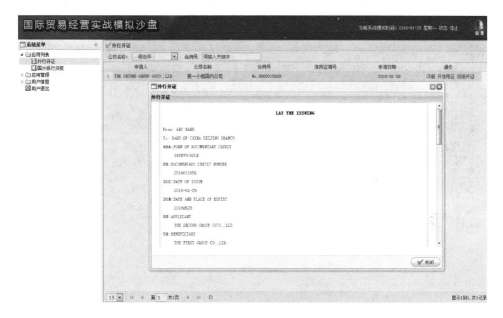

图 5-21 开立信用证界面

图 5-22 国内银行通知界面

（3）学生在出口公司端的界面上单击"应用列表"下的"信用证管理"，出现如图 5-23 所示界面。

图 5-23 信用证管理界面

单击"操作"栏的"落实信用证",则可以看到有通知行发送的信用证副本。注意,如果单击"落实信用证"没有反应,则说明外方信用证尚未开到,此时可以向进口公司提示尽快开证。

七、备货管理

出口公司在确认收到信用证后,可以着手履行合同。对于纯贸易型出口企业而言,此时首要任务是进行货物采购,进行备货(如果是生产型企业,此时应着手生产)。学生单击"备货管理",此时如图 5-24 所示界面中由于出口公司之前尚未采购,所以没有备货记录。

单击"新建备货",出现采购界面,如图 5-25 所示。在该界面中首先按照订单规定在"产品名称"一栏的下拉菜单中选择正确的商品,并在"产品数量"一栏下填写采购数量。在"备货类型"一栏中选择采购方式,不同采购方式的异同参见第三章实战规则介绍。需注意的是,在选择非"单一采购"的采购方式时,采购数量必须大于系统定义的最低采购量,否则系统将出现提示信息,如图 5-26 所示。

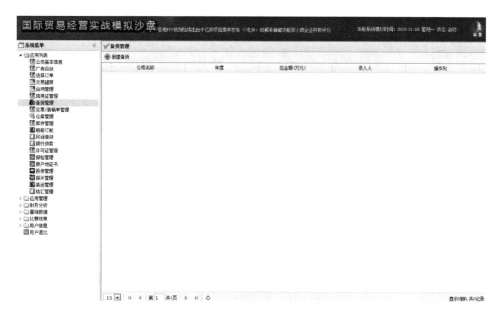

图 5-24 备货管理界面

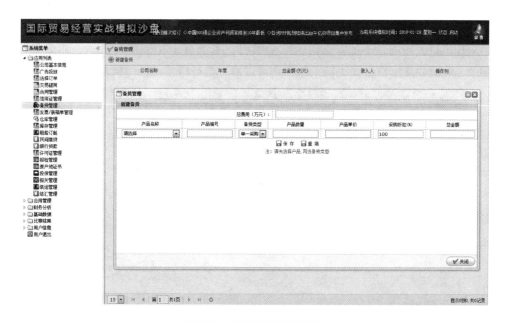

图 5-25 新建备货采购界面

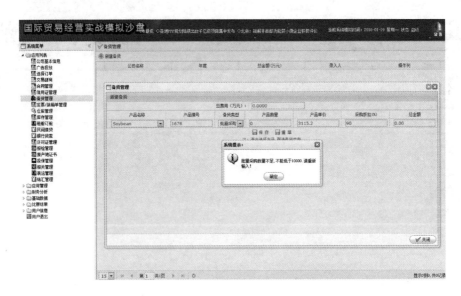

图 5-26　采购方式选择界面

　　"产品单价"即为系统中事先定义的采购价格，采购方不可改动，采购信息填写完毕后系统自动计算采购总金额，此时单击"保存"就可完成采购。

　　在出口公司现金不足以支付采购金额时，系统将阻止采购并提示，如图 5-27 所示。此时如果出口公司决意采购，则可以通过银行贷款或民间借贷补足现金。

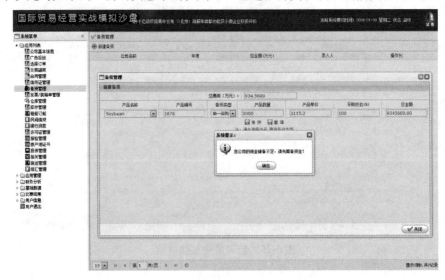

图 5-27　"现金不足"提示界面

八、发票/装箱单管理

在货物采购完毕后，出口公司可以着手发票及装箱单制作，以备报关报检等流程之用。单击"发票/装箱单管理"，出现需要制作发票及装箱单的业务记录，如图5-28所示。单击记录最后一栏的"发票"字样，出现发票缮制界面，如图5-29所示。由于绝大多数信息已由系统自动采集，制单人员此时只需对发票日期等少量信息进行调整即可，一般发票日期可以选择装期提前一个月到两周的某个日期。单击"提交"完成制单，系统自动回到图5-27所示界面。此时单击"装箱单"进行装箱单制作，与发票制作类似，制单人员只需完善系统提示的少数信息并单击"提交"就可完成制单。

图5-28　发票/装箱单管理界面

需要注意的是，如果之前在备货环节选择"批量采购"与"年度采购"的备货方式，则在制作发票及装箱单时系统将提示商品未入库，需要购买或租用仓库，如图5-30所示。这是因为在实战规则中规定虽然批量采购与年度采购可以获得较低的采购价格，但必须满足最低采购量，由此出口公司将产生库存，所以必须使用仓库，如果没有事先租用，此时系统将自动提醒，无法完成发票的"提交"。租用或购买仓库需要单击"仓库管理"，如图5-31所示。单击"新增"，出现

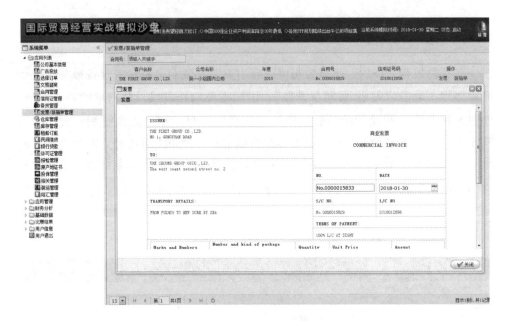

图 5-29　发票缮制界面

图 5-32 所示界面。根据提示信息选择"租用"后单击"添加"，如此完成该步骤。租用的价格由教师事先规定，使用面积系统自动根据产品数量进行计算。获得仓库使用权后系统就允许用户在批量采购与年度采购的方式下制作发票与装箱单。

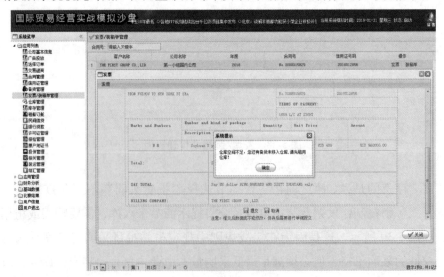

图 5-30　"商品未入库"提示界面

图 5-31　仓库管理界面

图 5-32　仓库信息设置界面

九、租船订舱

备货完成后出口公司还可着手进行出口海运舱位的预定，一般该项工作可以在出运前一个月到两周进行。

（1）学生单击"租船订舱"，出现如图 5-33 所示界面。在该界面中可以看到已经备货完毕将要出运的货物信息记录。单击"订舱委托",进入如图5-34所示出口货物订舱委托书界面。在缮制该单据时,只要在第21项"订舱数量"后输入需预定的集装箱数量即可,其他信息自动生成。但需要注意的是订舱数量需要认真计算,在装运时,如果预定集装箱数量不足以出运全部出口商品,船务公司将不予装运。在订舱委托书缮制完毕后单击"保存"退回如图5-33所示界面,在该界面中单击"提交订舱单据",完成单据发送。

图5-33　租船订舱界面

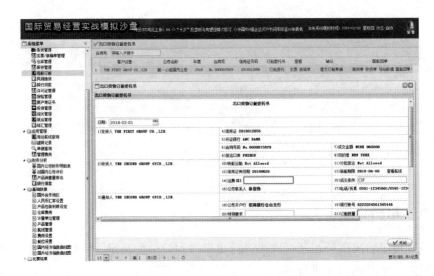

图5-34　出口货物订舱委托书界面

（2）在出口公司发送订舱委托书后，教师以船运公司账号登录系统，单击"应用管理"下的"租船订舱审批"，如图5-35所示。

图5-35　租船订舱审批界面

此时船运公司可以针对订舱申请进行审批，如批准订舱要求则单击"确认"栏下的"准予订舱"，如图5-36显示订舱成功。此时审批完成。

图5-36　订舱成功界面

审批完成后，船运公司需要出具订单回复单据，单击"配舱回单"栏下的"装货单"，出现如图 5-37 所示装货单缮制界面。

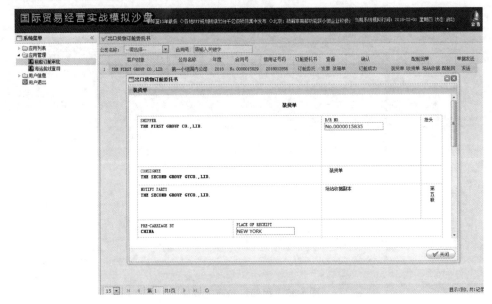

图 5-37　装货单缮制界面

在界面中完善船名航次信息后，单击"提交"即可，系统退回图 5-35 所示界面。此时收货单、场站收据及配舱回单等单据也由系统根据装货单自动完成，无须人工填写。最后在图 5-35 界面中单击"发送"，则订舱审批流程结束，相关订舱回复单据发往出口公司。

十、报检管理

应进口方要求或国家有关法律规定，出口货物在出口前一般需要向出入境检验检疫局提出检验申请，由出入境检验检疫局鉴定在品质数量等方面是否适合出口。系统中报检流程如下：

（1）学生端进入"应用列表"下的"报检管理"，如图 5-38 所示。

单击"操作"栏下的"报检单"，出现报检单缮制界面，如图 5-39 所示，根据提示录入并提交。

图 5-38 报检管理界面

图 5-39 报检单缮制界面

（2）以出入境检验检疫局账号进入系统，单击"应用管理"下的"报检审核"，界面中列出已经提交报检申请的公司记录，如图 5-40 所示。审核人员可以对未审核记录根据报检单内容作出是否同意报检的决定，同意报检单击"审核通过"。已经审核的记录在"审核"一栏将体现"已审核通过"字样。

图5-40　报检审核界面

　　出入境检验检疫局接下来的工作为根据现场检验结果出具"出境货物通关单"，也就是商检单，同时还可出具出口公司报检时要求的商检证书。由于品质证书是经常被要求出具的商检证书，所以系统中除出具出境货物通关单外还出具品质证书。单击相应单证名称，就可进入相应单证出具签发界面。图5-41所示为出境货物通关单出具界面，图5-42所示为品质证书的出具界面，单击界面下方的"提交"，出具工作完成。

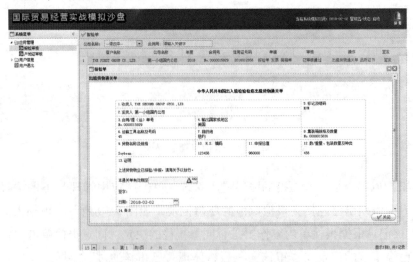

图5-41　出境货物通关单出具界面

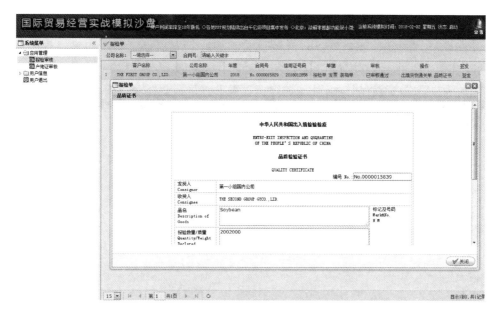

图 5-42　品质证书的出具界面

当两份单据出具完毕后，系统自动回到图 5-40 所示界面，此时单击"签发"栏的"签发"，则以上单据被发往相应的出口公司。已发送的记录将体现"已签发"字样，如图 5-43 所示。

图 5-43　报检单签发界面

（3）出口公司在学生端的图5-38所示的界面中单击"出境货物通关单"及"品质证书"字样，如果可以打开链接看到相应签发单据，则说明出口报检成功。若无法单击，说明检验尚未完成，如图5-44所示。

图5-44 报检状态界面

十一、许可证管理

出口产品是否需要提供出口许可证，教师可以在管理员端口下"基础数据"中"产品管理"内进行设置。若出口产品需要许可证，具体流程如下：

（1）出口公司在学生端打开"许可证管理"，单击"许可证"进入如图5-45所示出口许可证申请表界面，根据提示录入并提交。

（2）以商务部账号进入系统，单击"应用管理"下的"许可证审核"，界面中列出已经提交报检申请的公司记录。审核人员可以对未审核记录根据许可证内容作出是否通过的决定，同意则单击"通过"，如图5-46所示。已经审核的记录在"状态"一栏将体现"已通过"字样，如图5-47所示。

图5-45　出口许可证申请表界面

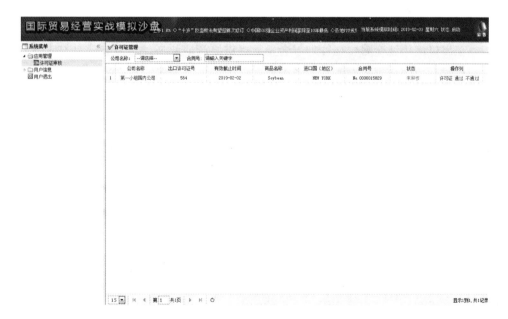

图5-46　出口许可证签发界面1

图 5-47 出口许可证签发界面 2

十二、原产地证书

在出口信用证交易中往往外方会要求提供原产地证书，作为进口通关或进口享受税收减免的依据。在实际业务中原产地证书种类繁多，几乎每个自由贸易协定下都会对应一个原产地证书。不过总体来看，在针对欧美国家及日本的出口贸易中一般原产地证书与普惠制原产地证书使用面最广，出口企业经常接触。所以，本系统原产地证书这一环节中仅设置一般原产地证书与普惠制原产地证书的制作与签发。流程如下：

（1）在学生端进入"原产地证书"，如图 5-48 所示。根据业务需要选择制作一般原产地证书与普惠制原产地证书，一般针对欧洲国家和日本制作普惠制原产地证书，针对美国制作一般原产地证书。以制作一般原产地证书为例，单击"一般原产地证书申请"，出现如图 5-49 所示一般原产地证书申请书填制界面。按要求填制后，单击"提交"，出现一般原产地证书的填制界面，由于所需信息系统均可自动采集到，所以呈现在用户面前的实际是一份已经填制完毕的证书，用户只需单击"提交"发送单据到商检部门进行审核即可。

图5-48 原产地证书管理界面

图5-49 一般原产地证书申请书填制界面

（2）以出入境检验检疫局账号登录系统，单击"应用列表"下的"产地证审核"，如图5-50所示。在相应记录后单击"审核通过"，则该份一般原产地证书就被签发，同时记录的状态也更改为"已通过"。

图 5-50　产地证审核界面

（3）在如图 5-51 所示的学生端界面中，原产地证书状态为"通过"，单击"一般原产地证书"，如果可以打开原产地证书，如图 5-52 所示，则说明申领已经成功。

图 5-51　一般原产地证书状态界面

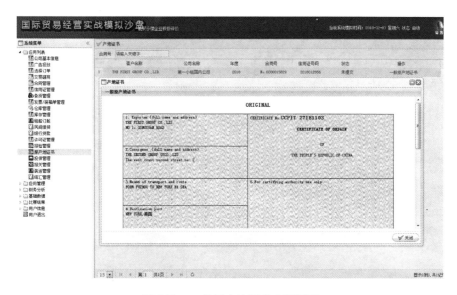

图 5-52 一般原产地证书申领界面

十三、投保管理

投保运输险是出口的重要环节，该步骤在租船订舱成功后即可进行，主要分为出口公司填制投保单（图 5-53）及保险公司审核投保单并确认投保（图 5-54）两个步骤，操作方法与之前其他需要审批的单据类似，细节在此不再赘述。

图 5-53 投保单管理界面

图 5-54　保险公司审核界面

十四、报关管理

向海关申报出口商品基本情况并提交有关单证是出口的必需环节，出口公司只有在取得出入境检验检疫局签发的出境货物通关单后才可报关，同时报关一般不应迟于货轮离港前 24 小时，所有货物在截关后一律不可报关放行。报关具体流程如下：

（1）出口公司在学生端打开"报关管理"，如图 5-55 所示，单击"入堆场"后系统显示"入堆场成功"，如图 5-56 所示。此时系统界面自动跳转，单击"报

图 5-55　报关管理界面1

关单"进行报关单录入，如图 5-57 所示。

图 5-56 报关管理界面 2

图 5-57 报关单缮制界面

（2）以海关账号登录系统，进入"报关审核"，如图 5-58 所示，所有报关申请都体现在该界面中。

图 5-58　报关审核界面

选取相应记录，单击"通过"，则表示海关放行，出口公司报关成功。

十五、装运管理

在海关放行后，货物可以装船入舱，如图 5-59 所示，在"装运管理"中单击"提交报关单给船运公司"，状态更新为"等待货物装船"，之后以船运公司账号登

图 5-59　装运管理界面

录系统，单击相应记录的"货物装船"字样，如图 5-60 所示。此时货物装船成功，船运公司同时出具提单，如图 5-61 所示。装运完成后，学生端用户可查看提单，并发送装运通知，如图 5-62 所示。

图 5-60　装船界面

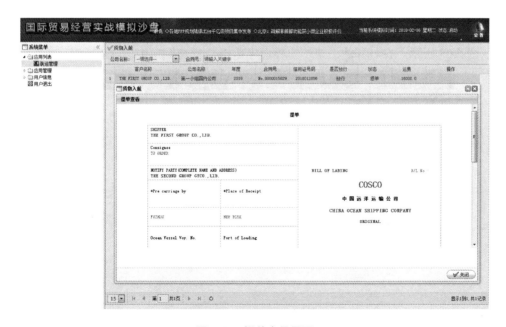

图 5-61　提单出具界面

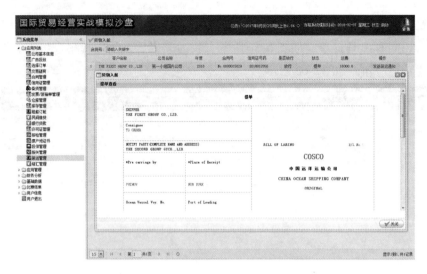

图 5-62　提单领取界面

十六、结汇管理

当出口公司获得提单后，可以准备交单结汇。在这一过程中主要进行汇票的缮制，当然在实际业务过程中汇票可以提前缮制，只要不晚于交单期限及信用证有效期即可。交单结汇的流程如下：

（1）学生端单击"结汇管理"，在已装运的业务记录后单击"汇票"字样，如图 5-63 所示。在打开的汇票填写界面中单击"提交"，如图 5-64 所示。

图 5-63　结汇管理界面

图 5-64 汇票缮制界面

此时界面自动跳转到如图 5-65 所示界面，若之前操作无误，则在此可以见到所有单据，单击"结汇交单"，完成交单。

图 5-65 交单界面

（2）以国内银行账号登录系统，进入"应用管理"下的"国内银行结汇"，如图5-66所示，可见交单单证，单击"确认"，完成向开证行的（外国银行）单证传递。

图 5-66　国内银行单证传递界面

（3）以外国银行账号登录系统，进入"应用管理"下的"外银结汇"，可见由出口方银行传递来的全套单证，开证行可进行相关审查，如果符合信用证要求，则单击"同意付款"，完成付款，如图5-67所示。

图 5-67　外国银行付款界面

（4）当开证行付款后，国内银行要将来款入账到相应出口公司的账户中，此时需要进入国内银行端的"应用管理"下的"国内银行结汇"界面，单击"水单"字样，然后进行结汇水单制作（进账单），如图5-68及图5-69所示。

图5-68　国内银行结汇界面

图5-69　结汇水单缮制界面

（5）学生端在国内银行入账完成后可见由国内银行发送来的结汇水单，此时货款数据将自动记录在出口公司有关财务报表中，整个出口业务流程到此结束，如图 5-70 所示。

图 5-70　出口业务完成状态界面

十七、银行贷款

融资并不是出口业务流程中的必经环节，但由于经营竞争等不确定因素存在，出口公司可能遇到资金不足从而无法购货、订舱、支付报关等费用的问题，为此系统设置了银行贷款的融资环节。具体流程为：进入"银行贷款"，单击"新增"，在弹出的对话框中填写贷款类型及需贷款金额后单击"提交贷款申请"即可，如图 5-71 所示。

贷款是否发放取决于国内银行是否批贷，在国内银行端进入"应用管理"下的"银行贷款管理"就可对有关申请进行审查并决定是否批贷，如图 5-72 所示。

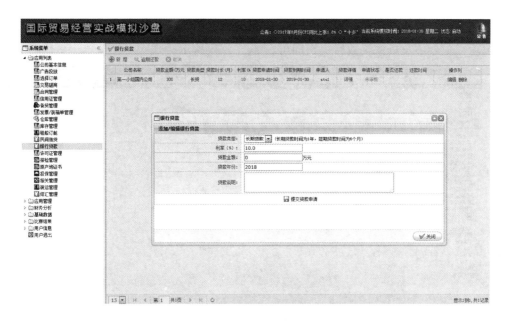

图 5-71 新增银行贷款界面

图 5-72 银行贷款管理界面

十八、民间借贷

除了银行贷款，出口公司遇到资金不足时还可以选择民间借贷，民间借贷利息更高，按天计算利息。进入"民间借贷"，单击"新增"，在弹出的对话框中填写贷款金额及贷款天数后提交即可，如图 5-73 所示。

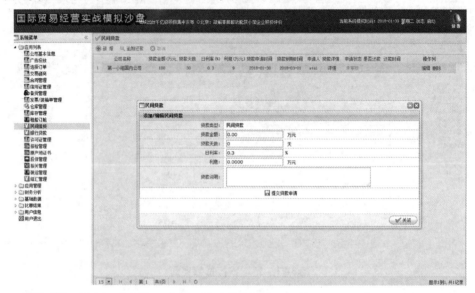

图 5-73 新增民间借贷界面

民间借贷是否发放取决于教师，教师登录系统管理员账户后，在应用列表找到"民间借贷"，进行审核，如图 5-74 所示。

图 5-74 民间借贷审核界面

第二节　应用管理模块功能介绍

应用管理模块中包含"海运航线查询""磋商记录""单据查询""管理费用"等菜单，如图5-75所示。

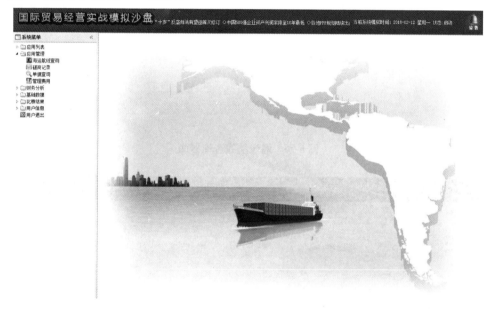

图5-75　应用管理模块

一、海运航线查询

海运航线查询菜单项功能为方便学生端用户对系统设定的航线、运价、船期及舱位剩余情况进行查询，以便负责租船订舱工作的小组成员进行出运规划，并为整体经营决策服务，界面如图5-76所示。

二、磋商记录

在发盘还盘的磋商过程中，双方不断提出新的合同条款讨价还价，通过磋商查询，小组成员可随时查询每份发盘还盘的具体内容，把握合同条款，该界面如图5-77所示。

图 5-76　海运航线查询界面

图 5-77　磋商记录界面

三、单据查询

外贸工作的重点之一就是单证工作，特别是在信用证结算方式下，更是要做到"单单一致，单证一致"。通过单据查询，小组成员可随时查询本小组单证完成情况，防止因单证缺漏而影响交单，该界面如图 5-78 所示。

图 5-78　单据查询界面

四、管理费用

自 20 世纪 90 年代中期我国外贸体制改革以来，外贸公司的组织架构发生了变化。许多原大型国营外贸公司普遍实行部门承包制度，同时许多进行独立业务的小团队也可以挂靠大公司，以"某某公司业务某某部"的身份出现在业务场合。在这种较松散的组织架构中，进行独立业务的承包人或挂靠人需要向公司总部缴纳一定的管理费用，该费用成为许多小型出口团队的经营成本。为了模拟该项费用，系统设定一个小组每月需缴纳 5 万元人民币的管理费用，系统自动在后一年年初从财务报表中扣减前一年的费用，同时在管理费用菜单项界面中登记记录，如图 5-79 所示。

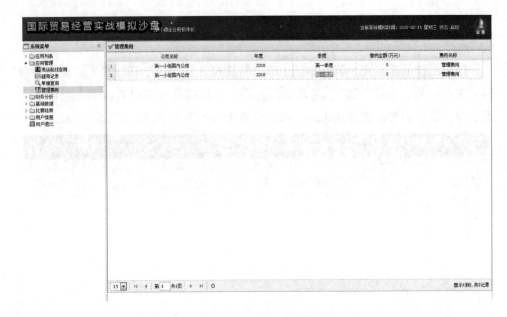

图 5-79　管理费用界面

第六章

国际贸易经营实战实训 模拟与实训报告

第一节　实训安排与准备

一、实训前常用设置

1. "基础数据"设置

教师先以管理员 admin 身份进入登录系统管理员界面，进入系统目录的"基础数据"模块，对基础数据进行设置。

（1）系统年份启动。在这里可以设置实战的起始年份和结束年份，也就是说在一个实战规则下可以进行跨年度的竞赛。从 2016 年开始，有完整的数据模型，所以起始年份一般选择 2016 年，如图 6-1 所示。

（2）实战规则管理。不同的班级采用不同的实战规则，相互独立。上课的时候启用实战规则，下课的时候关闭实战规则。下一次上课时，可以启用该班级的实战规则，这样系统便自动接续到该班级的上次进程，并继续运行。关闭实战规则后，学生不能进行任何操作和查询。

同样地，教师可以利用实战规则把同一班级的练习和考试进行区分，练习和考试采用不同的实战规则。实战规则一旦建立，除了"是否启用"能够修改，其他都不容许修改，如图 6-2 所示。

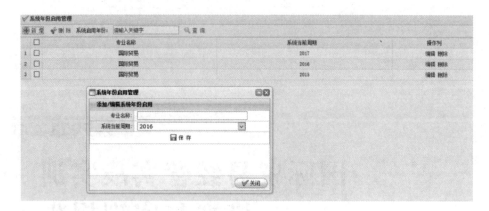

图 6-1 系统年份启用管理界面

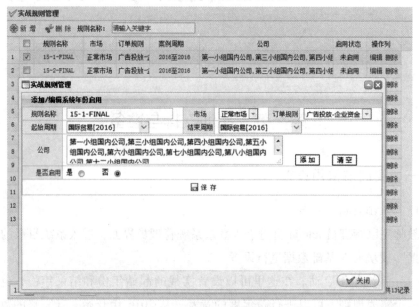

图 6-2 实战规则管理界面

（3）产品管理。在这里可以对系统中交易的产品进行添加、删除、修改、查询操作，在添加产品时对产品名称、规格、是否需要许可证等进行设置。产品价格是指国内公司的市场初始采购价格，采购价格是实时变化的。在这里可以设定产品是否生效，生效的产品，价格才会发生变化。

每新建一个实战规则，所有的产品将失效，所以教师必须先选择一定的产品生效才能进行交易。不同的练习或考试可以选择不同的产品，例如在某一次经营实战实训中只生效 pv cells（光伏）、steel（钢材）和 New energy vehicles（新能源汽车）三种产品，学生只能进行这三种产品的交易，如图 6-3 所示。

图6-3　产品管理界面

（4）人民币汇率设置。在这里可以对人民币和美元的兑换汇率进行设置，但这仅作为参考值（或者说是初始值），因为汇率是实时发生变化的，如图 6-4 所示。

图6-4　人民币汇率设置界面

（5）费用设置。这是对系统运行过程中产生的费用进行设置，包括广告费、管理费用、办公费用、财务费用（国内公司贷款条件、国外公司贷款条件）、交易费用（各种操作、磋商、改签费等）等。另外，还有民间借贷的利率和起贷额。设定范围包括从签订合同之日起货物运输出去的最大期限（如果没有按时，货物将无法运输出去，从而造成损失），以及触摸控制系统能交易多少订单等，如图 6-5 所示。

费用设置						
[国内公司]每月办公费：	5,000.00	元(¥)	[国内公司]每月管理费用：	50,000.00	元(¥)
[国外公司]每月办公费：	5,000.00	美金($)	[国外公司]每月管理费用：	5,000.00	美金($)
磋商费用：	500.00	元(¥)	操作费：	1,000.00	元(¥)
许可证费用：	1,000.00	元(¥)	报检费：	1,000.00	元(¥)
报关费：	1,000.00	元(¥)	手续费(产地证)：	1,000.00	元(¥)
订舱费用：	1,000.00	元(¥)	装运期最大期限：	3	个月
信用证改签费用：	2,000.00	美金($)	建交费用：	2,000.00	元(¥)
投保比例：	1.00	%	未投保意外损失比例：	5.00	%
进口海关税率：	0.00	%	[国内]所得税率：	0.00	%
违约率：	20.00	%	[国外]所得税率：	0.00	%
[国内]长期贷款起贷额：	50.00	万元(¥)	[国内]长期贷款年利息率：	10.00	%
[国内]短期贷款起贷额：	10.00	万元(¥)	[国内]短期贷款年利息率：	20.00	%
[国内]贷款限额：	300.00	万元(¥)			
[国外]公司初始金额：	300.00	万美金($)			
[国外]长期贷款起贷额：	50.00	万美金($)	[国外]长期贷款年利息率：	10.00	%
[国外]短期贷款起贷额：	10.00	万美金($)	[国外]短期贷款年利息率：	20.00	%
[国外]贷款限额：	300.00	万美金($)			
[民间]贷款起贷额：	1.00	万元(¥)	[民间]贷款日利率：	0.30	%
[民间]贷款限额：	800.00	万元(¥)			
广告费最大值：	100.00	万元(¥)	广告费最低值：	1.00	万元(¥)
触摸屏可做订单数：	3　4　12	单			
国外公司是否可分配订单：	◉是 ○否				
		提交			

图6-5　费用设置界面

（6）航线管理。航线由出口港和入口港组合而成，如3个出口港和3个入口港即可形成9条航线，在这里可以根据需要对航线进行添加、修改、删除、查询，设定船期和费用，如图6-6所示。

	出口港	进口港	国家或地区	舱位数量	舱位剩余	航位价格($)	尺码	船期	操作列
1	福州	MIAMI	美国	1000	1000	4800	40	星期二	编辑 删除
2	福州	LOS ANGELES	美国	2000	2000	1800	20	星期三	编辑 删除
3	福州	NEW YORK	美国	2000	2000	2500	20	星期四	编辑 删除
4	福州	SEATTLE, WA	美国	1000	1000	3800	40	星期二	编辑 删除
5	福州	LELLAVRE	欧盟	30000	30000	150	20	星期日	编辑 删除
6	厦门	VENICE	欧盟	30000	30000	150	20	星期五	编辑 删除

图6-6　航线管理界面

2. "外部端口"模块设置

在系统目录中找到"外部端口"模块，可以对外部端口进行相关设定。

（1）系统时间设定。在这里可以对系统模拟时间进行设定、启动和关闭，如在上课的时候开启系统模拟时间，下课的时候关闭系统模拟时间。如果系统模拟时间没有关闭，将不断产生管理费、办公费，以及价格变化和汇率变化。

系统模拟时间初始值取的是本年度的日期，可以通过设置1分钟等于多少小时来把握业务进行速度，如1分钟等于24小时，则现实时间每过一分钟便是系统模拟时间的一天，在开启系统模拟时间后，系统右上方的时间会每5秒刷新一次，关闭系统模拟时间后便可停止，如图6-7所示。

图6-7　系统时间设定界面

（2）超期时间设置。在这里可以对系统中结汇交单、报关时间、报检时间等进行超期时间设置，如设置报检时间比装运期早7天，则如果做报检操作时的系统时间已经超过这个时间，系统会提示进行改签操作。如果结汇交单迟于合同中实际装运时间，超过了系统设定的期限，交易将作废，记入公司的损失费用中，没有任何销售收入，如图6-8所示。

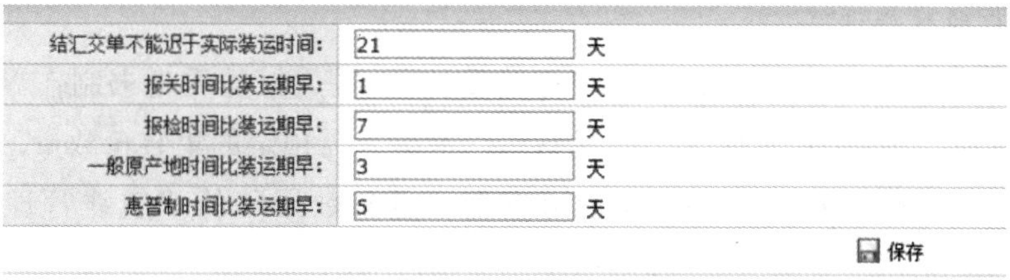

图6-8　时间约束设置界面

二、实训部分计算准备

1. 仓库费用

在国内公司备货完毕后，如果采购的数量大于合同订单的数量，则需要租用仓库，在点击装箱单时，系统会自动提示是否需要租用仓库。

租用仓库费用需要学生自行计算，若计算的仓库费用不足，系统会提示出错，但计算的仓库费用超过实际所需，系统不会提示。

租仓库的计算方法如下：根据需要放入仓库的产品的包装总体积，存入3米高的仓库，以所需要的仓库租用面积，乘上系统给定的租用单价，即可得出租用仓库费用，如图6-9所示。

图6-9　仓库费用界面

【例题1】　租仓库的计算方法（以钢材为例，假设有4 000吨库存）：

（1）需要的包装材料数量：4 000÷5=800（个）（只取整数，不取小数点，例如结果是7.01个包装材料数量，就需要8个包装材料数量）

（2）包装材料体积：800×2.5×1×1=2 000（立方米）（2.5米×1米×1米=2.5立方米，分别为某型包装材料的长、宽、高相乘的体积）

（3）租赁仓库面积：2 000÷3=666.67（平方米）（3米是仓库的系统默认高度）

2. 订舱数量计算

学生单击“租船订舱”，单击“订舱委托”，进入订舱委托书制作界面，如图6-10所示，需要在第21项“订舱数量”后输入需预定的集装箱数量，运费由集装箱数量与航线运价相乘，运价可查询“基础数据”的“航线管理”中的“舱位价格”。

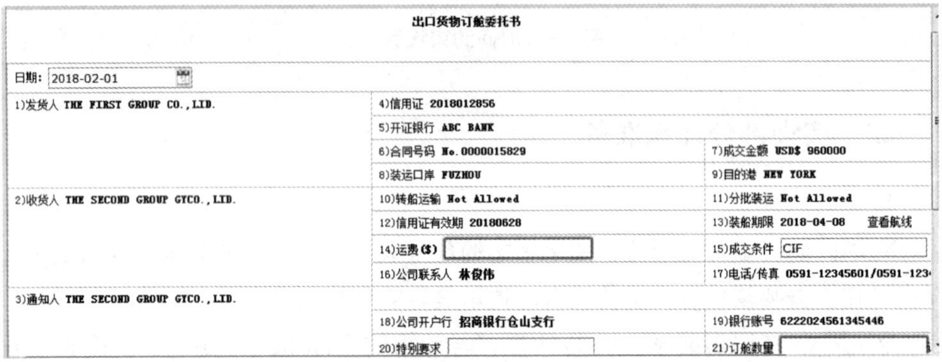

出口货物订舱委托书

日期：2018-02-01

1)发货人 THE FIRST GROUP CO.,LTD.	4)信用证 2018012856	
	5)开证银行 ABC BANK	
	6)合同号码 No.0000015829	7)成交金额 USD$ 960000
	8)装运口岸 FUZHOU	9)目的港 NEW YORK
2)收货人 THE SECOND GROUP GYCO.,LTD.	10)转船运输 Not Allowed	11)分批装运 Not Allowed
	12)信用证有效期 20180628	13)装船期限 2018-04-08 查看航线
	14)运费($)	15)成交条件 CIF
	16)公司联系人 林俊伟	17)电话/传真 0591-12345601/0591-123
3)通知人 THE SECOND GROUP GYCO.,LTD.		
	18)公司开户行 招商银行仓山支行	19)银行账号 6222024561345446
	20)特别要求	21)订舱数量

图6-10 订舱委托书缮制界面

集装箱数量由所有装运货物总体积除集装箱体积的进整结果得出，但需要注意的是，订舱数量需要认真计算，在装运时，如果预定集装箱数量不足以出运全部出口商品，船务公司将不予装运。

【例题2】 集装箱数量的计算方法（以自行车为例，假设有76 000辆需要订舱）：

（1）自行车数量：76 000辆

（2）需要的包装材料数量：76 000÷2＝38 000（个）（2是一个包装材料可以装两部自行车，系统会自动计算。只取整数，不取小数点，例如结果是7.01个包装材料数量，就需要8个包装材料数量）

（3）包装材料体积：38 000×1.2×0.5×0.3＝6 840（立方米）（1.2米×0.5米×0.3米分别是包装材料的长、宽、高）

（4）集装箱（20尺柜）的容积：33立方米

（5）集装箱数量：6 840÷33＝207.27（个）（只取整数，不取小数点，例如结果是207.27个集装箱数量，就需要208个集装箱数量）

第二节 实训流程模拟演示

一、外国公司投放订单

国外公司将订单抛向市场，这里系统采用两种方式：

（1）手动添加。单击"新增"，进入市场订单编辑界面，如图6-11所示，填写订单的订单号（格式不做限定，一般可采用，如 fc-001 表示 fc 公司第一个订单）、市场规则、产品名称（下拉框自选，该产品信息来自基础数据中的产品管理）、产品数量、装运期、目的港、参考价格（＄）、说明（可填，可不填），单击"保存"。

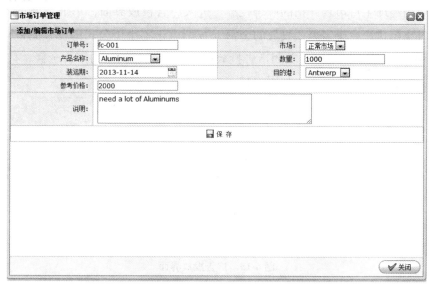

图6-11 市场订单编辑界面

（2）订单库添加。订单库里的订单信息是教师在备课时就已经在基础数据中设置好的，选择所需要发布的订单，单击添加所选订单，这样所选订单便会以该公司的名义发到订单市场去，订单库里的订单在一个年度只能发布一次，如图6-12所示。

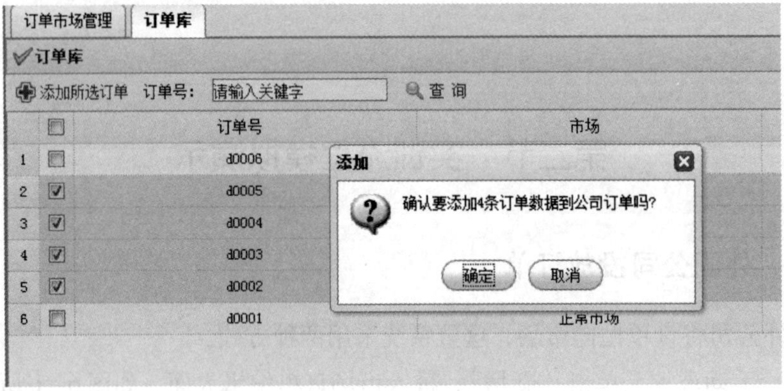

图 6-12　订单库添加界面

二、国内公司投放广告

市场经理主持市场开拓的广告投放。进入广告投放界面，单击"新增"，输入通过小组讨论后决定需要投放的金额（数额大于零小于公司的现金储备），单击"保存"，在系统管理员关闭广告投放前，可以修改投放的广告金额，且一个年度只能做一次投放操作，如图 6-13 所示。

图 6-13　广告投放界面

三、广告排名

国外公司发布订单后，教师登录系统管理员界面，在系统菜单应用管理中，找到广告排名，进入广告排名界面，在未关闭广告投放前，系统按照投入的广告金额排名，金额相同时按照公司组建顺序排名，如图 6-14 所示。在关闭广告投放后，小组公司无法再投放或修改广告金额。并在此界面中多了一个总排名的选项卡，如图 6-15 所示，单击进入总排名界面，总排名按照外部端口订单获取规则中的设定来对所有被列入该实战规则公司进行排名。

		市场名称	客户
✔广告排名			
关闭广告投放　　开通广告投放			
1	☐	正常市场	第一小组公司
2	☐	正常市场	第二小组公司
3	☐	正常市场	第五小组公司
4	☐	正常市场	第三小组公司
5	☐	正常市场	第四小组公司
6	☐	正常市场	第六小组公司

图 6-14　广告排名界面

	公司编号	客户
广告排名　总排名		
✔总排名		
1	1	第一小组公司
2	2	第二小组公司
3	5	第五小组公司
4	3	第三小组公司
5	4	第四小组公司
6	6	第六小组公司
7	7	第七小组公司

图 6-15　总排名界面

四、订单市场选择订单

在系统管理员广告投放关闭后，小组成员可进入市场订单选择操作，这里系统通过两种方式可以让国内公司获取到订单：

（1）按照广告总排名每家参与的公司轮流选择订单。例如，在该实战规则下有 5 家公司参与，在订单市场中总共有 10 个订单，则按照广告总排名，从排第一名的开始选择订单，直到第五家公司，然后再由第一家开始，任选两轮，订单市场所有订单选完。选择方式：在轮到某公司选择订单时，单击应用列表的选择订单，进入订单选择界面，如图 6-16 所示，如果没有轮到，则订单选择界面如图 6-17 所示。

订单选择	订单号	订单发布者	市场	产品名称	数量	国际参考价(¥)	国内市场价(¥)	需运期	目的港	订单说明	是否需要许可证	获取情况
✔订单市场												
选择订单　选择选货												
○ 选定	40002	fc	正常市场	Copper	2000	1000.0	1000.0	2013-02-04	Antery	和纸	否	
○ 选定	40003	fc	正常市场	Soybean meal	1000	1000.0	1500.0	2013-02-04	Antery		否	
○ 选定	40004	fc	正常市场	Lead	1200	1000.0	5000.0	2013-02-04	Geneva		是	
○ 选定	40005	fc	正常市场	Wheat	1200	1000.0	1000.0	2013-02-04	Hamburg		是	

图 6-16　订单选择界面（轮到）

✓订单市场

订单选择	订单号	订单发布者	市场	产品名称	数量	国际参考价（$）	国内市场价（¥）
	d0002	fc	正常市场	Copper	2000	1000.0	1000.0
	d0003	fc	正常市场	Soybean meal	1000	1000.0	1500.0
	d0004	fc	正常市场	Lead	1200	1000.0	5000.0
	d0005	fc	正常市场	Wheat	1200	1000.0	1000.0

图6-17　订单选择界面（未轮到）

（2）系统管理员直接分配订单。在系统管理员关闭广告投放后，系统管理员进入市场订单管理，这时在搜索框右边会多出一个"人工分配订单"的按钮，如图6-18所示，单击"人工分配订单"，进入该界面，如图6-19所示，在每个订单的最后一列，选择您所要分配给的公司即可分配订单，在订单市场管理中还能对订单进行还原，即将选择完成的订单，还原成未选择状态，如图6-20所示，在订单管理的工具栏最右侧，能够将订单选择状态设为关闭，被关闭后，该条订单将无法被选择。

✓订单管理

订单编号：请输入关键字　🔍查询　👤人工分配订单

		订单编号	订单发表者
1	☐	d0002	fc
2	☐	d0003	fc
3	☐	d0004	fc
4	☐	d0005	fc

图6-18　订单管理界面

图6-19　人工分配订单界面

图 6-20　订单还原界面

（3）在没有选择广告投放的功能下，采用自由磋商方式，外国公司直接把订单分配给国内公司，这个功能必须管理员在"费用设置"模块底下设置好后才能操作，并且不是在投放广告的功能下才能操作。经过自由磋商，外国公司和国内公司达成交易后，外国公司把订单直接分配给国内公司。用外国公司账号登录，在"订单市场管理"模块，单击"人工分配订单"，就可以把订单分配给国内公司，如图 6-21 所示。

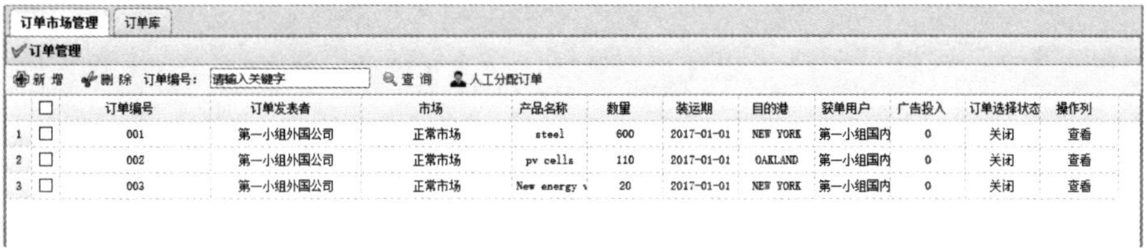

图 6-21　订单分配界面

五、交易磋商及填写预合同

在订单选择或分配完毕后，小组成员中的业务经理便可以开始跟外国公司接触、洽谈，该操作分为两个步骤：

（1）交易磋商。业务经理发送发盘函到订单所属国外公司，在应用列表中找到交易磋商，进入交易磋商界面，如图 6-22 所示。单击"发盘"，撰写发盘函，单击"发送"，如图 6-23 所示。这时，国外公司右下角会弹出提示框"您公司收到一封来自中国的发盘函，请刷新该页面读取！"，这时刷新该界面，便可看到从国内公司发来的发盘函，在看过发盘函后，国外公司需撰写还盘函，如图 6-24 所示。回复国内公司，是否同意签订合同，若不同意则写明原因，单击"发送"，这时业务经理的界面会提示"您公司收到一封来自国外的还盘函，请刷新该页面读取！"，如图 6-25 所示。刷新界面后读取还盘函，若国外公司同意，则填写预合同，若不同意则继续磋商，直到同意为止。

市场	公司名称	产品
正常市场	第二小组公司	Soybean meal

图 6-22　交易磋商界面

图 6-23　发盘函撰写界面

图 6-24　还盘函撰写界面

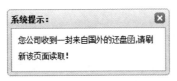

图 6-25　发盘函收到提示界面

（2）填写预合同。如图 6-26 所示，根据磋商结果填写单价（unit price）以及其他交易条件，填写完毕后，单击"提交"，发送给国外公司审核，在国外公司审核完毕后，进入下一步骤，签订正式合同。

交易磋商

日期(DATE)：2013-02-04

签约地点(SIGNED AT)：BEIJING

卖方(SELLERS)：THE SECOND GROUP CO.,LID.

地址(ADDRESS)：ROOM 002, 6 BUILDING, NO.88 XIYUANGONG ROAD, FUZHOU CITY, FUJIAN PROV

传真(FAX)：0591-12345678

买方(BUYERS)：Korea SamSung company LTD

地址(ADDRESS)：NO.520,RUICAO District,Special City,KOREA

传真(FAX)：41008585

兹经买卖双方同意按下列条款成交：
THE UNDERSIGNED SELLERS AND BUYERS HAVE AGREED TO CLOSE THE FOLLOWING TRANSACTIONS ACCORDING TO THE TERMS AND CONDITIONS STIPULATED BELOW:

货号 ART. NO.	品名及规格 DESCRIPTION	数量 QUANTITY	价格术语	货币单位	单价 UNIT PRICE	金额 AMOUNT
5	Wheat	1200	CIF	USD	1000	1200000.00

总值：1200000.00

1. 数量及总值均有可能增减，由卖方决定。
WITH 12 ％ MORE OR LESS BOTH IN AMOUNT AND QUANTITY ALLOWED AT THE SELLERS OPTION

2. 包装(PACKING)：3 PIECES IN A WoodenBox 参考数量：3

3. 装运期(TIME OF SHIPMENT)：ON 2013-11-12 查看航线

4. 装运口岸(PORT OF LOADING)：GUANGZHOU

5.目的港(PORT OF DISCHARGE)：Hamburg

6. 保险(INSURANCE)：TO BE EFFECTED BY BUYERS FOR 110% OF FULL INVOICE VALUE COVERING F.P.A. PLUS WAR RISK UP TO Hamburg ONLY.

7. 付款条件(PAYMENT)：BY COFIRMED, IRREVOCABLE,TRANSFERABLE AND DIVISIBLE L/C TO BE AVAILABLE BY SIGHT DRAFT TO REACH THE SELLERS BEFORE 2013-11-06 AND TO REMAIN VALID FOR NEGOTIATION IN CHINA UNTIL 15 DAYS AFTER THE AFORESAID TIME OF SHIPMENT. THE L/C MUST SPECIFY THAT TRANSIMENT AND PARTIAL SHIPMENTS ARE ALLOWED.

图 6-26　预合同填写界面

六、合同管理

用国外公司账号登录，国外公司审核预合同完毕后，业务经理进入合同管理界面，单击"新建合同"，COO 提交正式合同给国外公司审核，这里合同号由系统自动产生，单击"提交"，等待国外公司审核，如图 6-27 所示。

销售确认书
SALES CONFIRMATION

合同号(CONTRACT NO): No.0000000085

日期(DATE)：2013-02-04

签约地点(SIGNED AT)：BEIJING

卖方(SELLERS)：THE SECOND GROUP CO.,LID.

地址(ADDRESS)：ROOM 002, 6 BUILDING, NO.88 XIYUANGONG ROAD, FUZHOU CITY, FUJIAN PROVINCE, CHINA

传真(FAX)：0591-12345678

买方(BUYERS)：Korea SamSung company LTD

地址(ADDRESS)：NO.520,RUICAO District,Special City,KOREA

传真(FAX)：41008585

兹经买卖双方同意按下列条款成交：

THE UNDERSIGNED SELLERS AND BUYERS HAVE AGREED TO CLOSE THE FOLLOWING TRANSACTIONS ACCORDING TO THE TERMS AND CONDITIONS STIPULATED BELOW:

货号 ART. NO.	品名及规格 DESCRIPTION	数量 QUANTITY	价格术语	货币单位	单价 UNIT PRICE	金额 AMOUNT
5	Wheat	1200	CIF	USD	1000	1200000.00

总值：

1200000

1. 数量及总值均有 %的增减，由卖方决定。

WITH 12.0% MORE OR LESS BOTH IN AMOUNT AND QUANTITY ALLOWED AT THE SELLERS OPTION。

2. 包装（PACKING）：3 PIECES IN A WoodenBox

3. 装运期（TIME OF SHIPMENT）：2013-11-14

4. 装运口岸（PORT OF LOADING）：GUANGZHOU

5.目的港（PORT OF DISCHARGE）：Hamburg

6. 保险(INSURANCE)：TO BE EFFECTED BY BUYERS FOR 110% OF FULL INVOICE VALUE COVERING F.P.A. PLUS WAR RISK UP TO Hamburg ONLY.

7. 付款条件（PAYMENT）：BY COFIRMED, IRREVOCABLE, TRANSFERABLE AND DIVISIBLE L/C TO BE AVAILABLE BY SIGHT DRAFT TO REACH THE SELLERS BEFORE 2013-11-18 AND TO REMAIN VALID FOR NEGOTIATION IN CHINA UNTIL 15 DAYS AFTER THE AFORESAID TIME OF SHIPMENT. THE L/C MUST SPECIFY THAT TRANSIPMENT AND PARTIAL SHIPMENTS ARE ALLOWED.

8. 仲裁条款（ARBITRATE CLAUSES）：ANY DISPUTE ARISING OUT OF IN CONNECTION WITH THIS CONTRACT SHALL BE REFERRED TO CHINA INTERNATIONAL ECONOMIC AND TRADE ARBITRATION COMMISSION FOR ARBITRATION IN ACCORDANCE WITH ITS EXISTING RULES OF ARBITRATION. THE PLACE OF ARBITRATION SHALL BE 12. THE ARBITRAL AWARD IS FINAL AND BINDING UPON THE TWO PARTIES.

图 6-27　正式合同界面

七、信用证管理

用国外公司账号登录，在国外公司单击确认审核完合同后，单击信用证申请，填写地点和超期时间等内容，如图 6-28 所示。单击"提交"，将申请书交给国外银行。

IRREVOCABLE DOCUMENTARY CREDIT APPLICATION

DATE: 2013-02-04

TO: ASDASDASD

Contract No. No.0000000086

Beneficiary(full name)

THE SECOND GROUP C

Date and place of expiry

20130704   BEIJING

Partial shipments
○ Allowed
● Not allowed

Transshipment
○ Allowed
● Not allowed

● Issue by airmail
○ Issue by express delivery
○ Issue by teletransmission(which shall be the operative instrument)
○ With brief advice by teletransmission

Loading on board/dispatch/taking in charge at/from GUANGZHOU
Not later than 2013-11-14
For transportation to Hamburg

Amount(both in figures and words)
1200000

Description of goods:

5 Wheat 1200 CIF USD 1000 1200000.00

Packing:

3 PIECES IN A WoodenBox

Credit available with
● By sight payment
○ By acceptance
○ By negotiation
○ By deferred payment
Against the documents detailed herein
○ And beneficiary's draft for 12.0 % of the invoice value at

○ FOB
○ CFR
● CIF
○ Or other terms

图 6-28 信用证申请书制作界面

用国外银行账号登录，在国外银行界面中，单击外行开证，进入外行开证界面，单击开信用证，进入开证界面，单击"提交"：，将外行开的信用证发往约定的国内银行，如图 6-29 所示。

用国内银行账号登录，单击内行通知，进入内行通知界面，如图 6-30 所示。单击"发送信用证通知书"，将信用证书已办理的消息发送给国内公司，发送完毕后，国内公司小组成员能够在信用证管理中看到"落实信用证"。单击"落实信用证"，如图 6-31 所示，便可查看审核信用证内容，同意单击"确认（无需改证）"。若之后在业务过程中出现业务超时，在"信用证管理"中选择"过期改签"，如图 6-32 所示，延长信用证装运期。

```
                        LAY THE ISSUING

From: 123
To: BAND OF CHINA BEIJING BRANCH
40A:FORM OF DOCUMENTARY CREDIT
    IRREVOCABLE
20:DOCUMENTARY CREDIT NUMBER
   2013020440
31C:DATEOF ISSUE
    2013-11-12 11:43:15
31D:DATE AND PLACE OF EXPIRY
    20130704
50:APPLICANT
   Korea SamSung company LTD
59:BENEFICIARY
   THE SECOND GROUP CO.,LTD.
32B:CURRENCY CODE AND AMOUNT
    1200000
39A:PERCENTAGE CREDIT AMOUNT TOLERANCE
   ┌─────────────────────────────┐
   │ 10%                         │
   └─────────────────────────────┘
41A:ARAILABLE WITH/BY
    ANY BANK BY NEGOTIATION
43p:PARTIAL SHIPMENT
```

图 6-29　外国银行开证界面

公司名称	年度	客户	合同号	信用证编号	操作
THE SECOND GROUP CO.,LTD.	2013	学生2	No.0000000006	2013020440	信用证详情 发送信用证通知书

图 6-30　国内银行通知界面

公司名称	录入人	合同号	操作
THE SECOND GROUP CO.,LTD.	学生2	No.0000000006	落实信用证

图 6-31　信用证落实界面

```
ocean marine transportation /[ ] air transportation/[] over land transportation) all risks, war risks.
6.packing list/ weight memo in copies indicating quantity / gross and net weights of each package and packing
conditions as called for by the L/C.
7.certificate of quantity / weight in copiex issued by an independent surveyor at the loading port, indicating the
actual surveyed quantity/ weight of shipped goods as well as the packing conditon.
8.certificate of quality in copies issue by[ ] manufacturer /[ ] public
recognized surveyor/[ ]
9.beneficiary' s certified copy of cable / telex dispatched to the accountees within hours after shipment
advising [] name of vessel/[ ] fight no./[ ] wagon no., date, quantity, weight and value of shipment.
10.beneficiary' s certificate certifying that extra copies of the documents have been
dispatched according to the contract terms.
11.shipping co.' s certificate attesting that the carrying vessel is chartered or booked
by accountee or their shipping agents:
47A:ADDITIONAL CONDITIONS
    T.T.REIMBURSEMENT ID PROHIBITED
48:PERIOD FOR PRESENTATION
   DOUCMENTS TO BE PRESENTED WITHIN 15DAYS AFTER THE DATE OF SHIPMENT,BUT WITHIN THE VALIDITY OF THE CREDIT.
49:CONFIRMATION INSTRUCTIONS
   WITHOUT
          注意：保存确认后需提交，提交后数据无法修改！
              ■ 确认(无需改证)   ■ 过期改签
```

图 6-32　信用证改签界面

八、备货管理

用国内公司账号登录，由市场经理主持备货，在应用列表找到备货管理，进入备货界面，单击"新增"，如图6-33所示。先选择产品（按照合同的信息备货），再选择备货类型，然后填写备货数量，系统自动计算备货金额，在选择除单一采购外的其他采购方式时会有一点的折扣和采购数量限制，在错误的情况下会弹出提示框，如不得低于最低采购数量，这些都可以在基础数据中的产品管理中进行设置，而单一采购没有限制。在备货的过程中，可能会遇到公司所剩金额不足的情况，这时会弹出提示框："您需要到银行贷款中，进行银行贷款操作"。

图6-33　新建备货界面

九、发票/装箱单管理

用国内公司账号登录，业务经理主持发票和装箱单的填制，在备货完成后，单击"发票/装箱单管理"，进入发票和装箱单界面，单击"发票"（此时系统会验证，合同所需库存是否足够，若不足则无法填制发票，需再次备货），进入发票填制界面，如图6-34所示。单击"提交"，填制完毕；单击"装箱单"（此时

图6-34　发票缮制界面

会验证是否填制发票和是否需要租用/购买仓库，除单一备货外都需要租用仓库），进入装箱单填制界面，如图 6-35 所示。填制完毕，单击"提交"，发票和装箱单填制完毕。

图 6-35　装箱单缮制界面

十、租船订舱

用国内公司账号登录，由业务经理负责租船订舱。在装箱单填制完毕后，业务经理单击租船订舱，进入租船订舱界面，如图 6-36 所示。单击"订舱委托"，填制出口货物订舱委托书，如图 6-37 所示。在填制委托书时，需要注意订舱数量的填写，可通过简单计算获取大概数量（通过装运船期找到星期几，然后在应用管理中的海运航线查询出该航线的集装箱尺码，通过计算合同的产品包装材料计算出总包装材料体积/1 个集装箱体积，得出订舱数量），填写好订舱数量后，单击"保存"，在租船订舱界面中单击"提交订舱单据"，将委托书发给船运公司，如图 6-38 所示。

用船运公司账号登录，在订舱审核模块，单击系统菜单中的租船订单审批，进入订舱审批界面如图 6-39 所示，单击"准予订舱"（验证是否交运费，如图 6-40 所示，如没有则到应用列表中的装运通知，保存运费），若不准予订舱则填写理由，发回国内公司，要求国内公司修改。在准予订舱后，船运公司填写装货单、收货单、场站收据、配舱回单，如图 6-37 所示，然后单击"发送"，将单据发回国内公司，订舱完毕。

图 6-36　租船订舱界面

图 6-37　订舱委托书缮制界面

图 6-38　订舱单据提交界面

图 6-39　订舱审批界面

图 6-40　"运费填写"提示界面

十一、银行贷款和民间借贷

用国内公司账号登录，在系统操作过程中，有可能会遇到公司金额不足以支付费用的情况，如报关费、报检费、运费、税收等。此时需要财务经理进行银行贷款，贷款分为长贷和短贷，两种贷款的利息率不同，还款方式不同，短贷必须在年底还清，否则进入主界面时会弹出提示框，长贷可随时还清，若在规则下的最后一个年底仍旧未手动还款，则系统在每个年度的年底时会自动还款。财务经理进入银行贷款界面，单击“添加”，如图 6-41 所示。

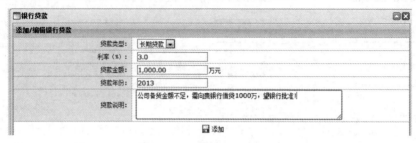

图 6-41　银行贷款界面

用国内银行账号登录，由银行审核国内公司贷款。在国内银行的系统菜单中找到银行贷款管理，进入贷款管理界面，如图 6-42 所示。单击“通过”则贷款成功，单击“不通过”则贷款失败，并填写理由，发回国内公司。

民间贷款要按天计算利息，财务经理单击“民间贷款”，选择“新增贷款”，金额和时间填写好后，单击“提交贷款申请”，如图 6-43 所示，则进入管理员审批流程。

	公司名称	贷款金额(万元)	贷款类型	利率(%)	贷款申请时间	申请人	贷款说明	申请状态	是否还款	操作列
1	第二小组公司	1000	长期贷款	3	2013-11-12 14:42:11	stu2	公司备贷金额不足，需向贵银行	未审核	未还款	删除 | 通过 | 不通过

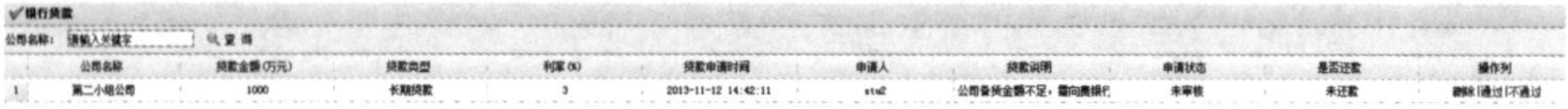

图 6-42　贷款管理界面

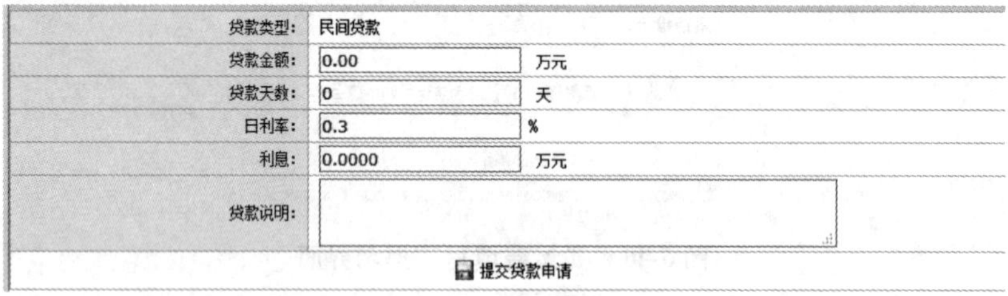

图 6-43　贷款申请界面

管理员登录后，在应用列表，找到“民间贷款”，进行审批，选择“通过”，如图 6-44 所示。

	公司名称	贷款金额(万元)	贷款天数	日利率(%)	利息(万元)	贷款申请时间	贷款到期时间	申请人	贷款详情	申请状态	是否还款	还款时间	操作列
1	第一小组国内公司	100	30	0.3	9	2018-01-30	2018-03-01	stu1	详情	未审核			删除 通过 不通过

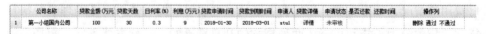

图 6-44　民间借贷审批界面

十二、许可证管理

用国内公司账号登录，在获取到订单的时候，系统会扫描订单产品信息，如果有需要许可证的，会在许可证管理中生成一条基础数据，这时业务经理负责填写许可证申请书，并发往商务部。单击许可证管理中的许可证，如图 6-45 所示，填写许可证编号，单击"提交"，发送给商务部审核。

中华人民共和国出口许可证申请表

1.出口商：第二小组公司	代码：002		3.出口许可证号：NO.0000001		
2.发货人：周明迪			4.出口许可证有效截止时间：2014-02-04		
5.贸易方式：一般贸易			8.进口国(地区)：Hamburg		
6.合同号：No.0000000086			9.付款方式：信用证付款		
7.报关口岸：GUANGZHOU			10.运输方式：船运		
11.商品名称：Wheat			12.商品编号：5		
13.型号、规格	14.单位	15.数量	16.单价 (币别)	17.总值 (币别)	18.总值折美元

图6-45　出口许可证申请书制作界面

用商务部账号登录，审核许可证。单击许可证审核，进入许可证审核界面，如图 6-46 所示，单击"通过"，则审核成功，单击"不通过"，则填写理由，并发回国内公司，重新提交。

公司名称	出口许可证号	有效截止时间	商品名称	进口国 (地区)	状态	操作
第二小组公司	No.1231242134123	2014-02-04	Wheat	Hamburg	未审核	许可证 审核 不通过

图6-46　许可证审核界面

十三、报检管理

用国内公司账号登录，小组成员报检员负责报检操作，在系统菜单中，单击报检管理，进入报检界面，报检员填写报检单，如图 6-47 所示。单击"提交"（此时有对报检时间进行验证，报检时间要早于装运期基础数据中设定的天数）后发送至商检局。

用商检局账号登录，审核报检单。单击"报检审核"，进入报检审核界面，如图 6-48 所示。查看报检申请单，然后审核通过，填制出境货物通关单，如图 6-49 所示。品质检验证书，如图 6-50 所示。然后，将单据签发至国内公司，否则填写不通过理由，发回国内公司，国内公司重新填写报检单。

中华人民共和国出入境检验检疫

出境货物报检单

| 报检单位（加盖公章）：第二小组公司 | | | | * 编 号 | No.0000000091 |

| 报检单位登记号：2 | | 联系人：陈金峰 | | 电话：0591-12345678 | 报检日期：2013-02-04 |

发货人	（中文）	第二小组公司	
	（外文）	THE SECOND GROUP CO.,LTD.	
收货人	（中文）	韩国三星有限公司	
	（外文）	Korea SanSung company LTD	

| 货物名称(中/外文) | H.S.编码 | 产地 | 数/重量 | 货物总值 | 包装种类及数量 |
| Wheat | 753159 | china | 1200/2500 | 1200000.0 | 400 WoodenBox |

运输工具名称号码	asdfsaf	贸易方式	一般贸易	货物存放地点	Hamburg
合同号	No.0000000086	信用证号	2013020440	用途	as
发货日期	2013-11-14	输往国家(地区)	Germany	许可证/审批号	adf
启运地	GUANGZHOU	到达口岸	汉堡港	生产单位注册号	asd
集装箱规格、数量及号码	asd				

| 合同、信用证订立的检验检疫条款或特殊要求 | 标 记 及 号 码 | 随附单据（划"√"或补填） |
| | N/M | ☑合同 ☑包装性能结果单
☑信用证 ☐许可/审批文件
☐发票
☐换证凭单
☐装箱单
☐厂检单 |

需要证单名称（划"√"或补填）				*检验检疫费	
☑品质证书		正 123 副	☐植物检疫证书	正 副	总金额 (人民 币元)	0.0
☑重量证书		123 正 123 副	☑熏蒸/消毒证书	123 正 正 副		
☑数量证书		正 副	☐出境货物换证凭单			
☑兽医卫生证书		正 副		副		
☐健康证书		正 副		正	计费人	
☐卫生证书		正 副		正		
☐动物卫生证书		正 副		副	收费人	

图 6-47 报检单缮制界面

图 6-48 报检审核界面

中华人民共和国出入境检验检疫出境货物通关单

1.收货人 Korea SanSung company LTD		5.标记及唛码 N/M
2.发货人 第二小组公司		
3.合同/提（运）单号 No.0000000086	4.输出国家或地区 Germany	
6.运输工具名称及号码 asdfsaf	7.目的地 汉堡港	8.集装箱规格及数量 No.0000000090
9.货物名称及规格 Wheat	10.H.S.编码 753159	11.申报总值 1200000	12.数/重量、包装数量及种类 asd
13.证明			

上述货物业已报检/申报，请海关予以放行。

本通关单有效期至 2013-11-13

签字：

日期：2013-02-04

| 14.备注 | | |

☐保存　☐提交

图 6-49 出境货物通关单出具界面

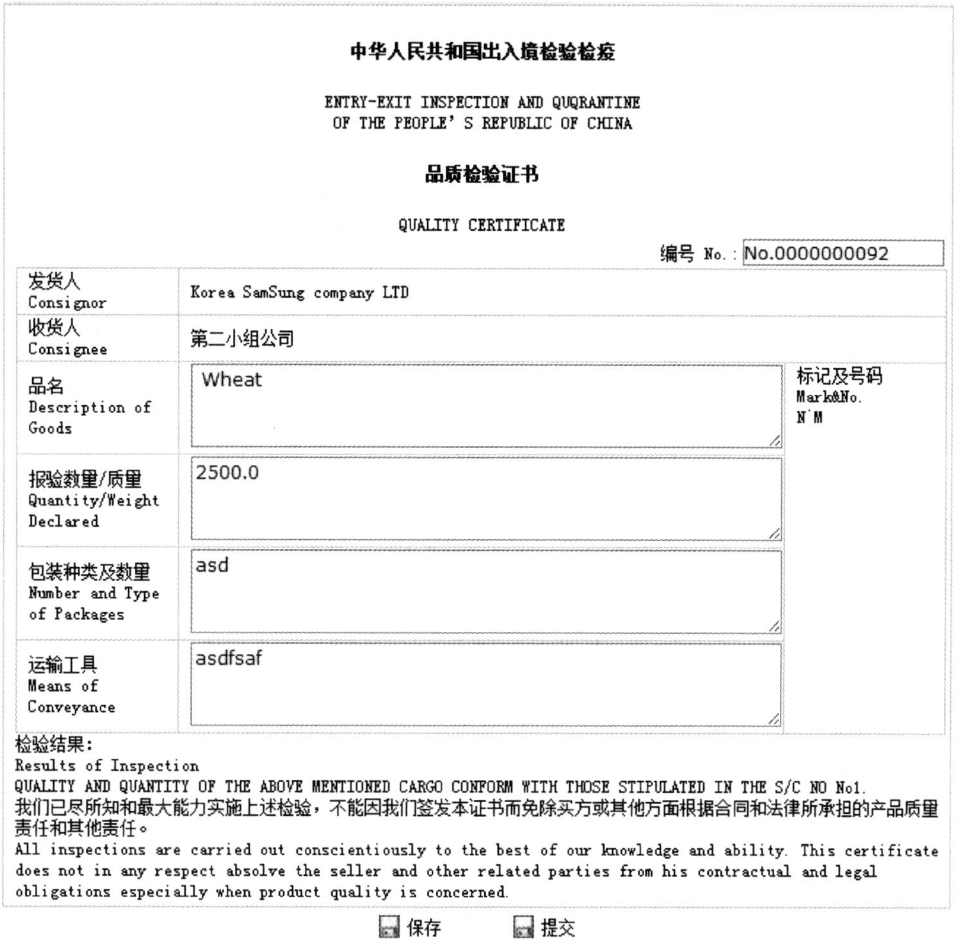

中华人民共和国出入境检验检疫

ENTRY-EXIT INSPECTION AND QUQRANTINE
OF THE PEOPLE' S REPUBLIC OF CHINA

品质检验证书

QUALITY CERTIFICATE

编号 No.: No.0000000092

发货人 Consignor	Korea SamSung company LTD	
收货人 Consignee	第二小组公司	
品名 Description of Goods	Wheat	标记及号码 Mark&No. N M
报验数量/质量 Quantity/Weight Declared	2500.0	
包装种类及数量 Number and Type of Packages	asd	
运输工具 Means of Conveyance	asdfsaf	

检验结果：
Results of Inspection
QUALITY AND QUANTITY OF THE ABOVE MENTIONED CARGO CONFORM WITH THOSE STIPULATED IN THE S/C NO No1.
我们已尽所知和最大能力实施上述检验，不能因我们签发本证书而免除买方或其他方面根据合同和法律所承担的产品质量责任和其他责任。
All inspections are carried out conscientiously to the best of our knowledge and ability. This certificate does not in any respect absolve the seller and other related parties from his contractual and legal obligations especially when product quality is concerned.

保存　提交

图 6-50　品质检验证书出具界面

十四、原产地证书

用国内公司账号登录，由报检员负责原产地证书的申请，原产地证书分为一般原产地证书和普惠制原产地证书，如图 6-51 所示。

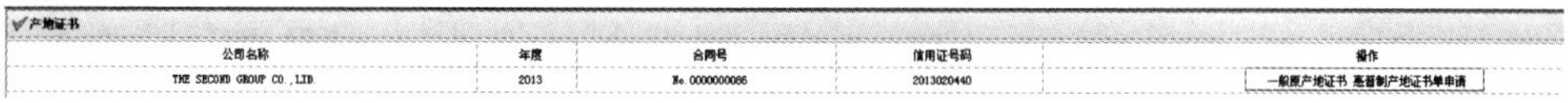

产地证书

公司名称	年度	合同号	信用证号码	操作
THE SECOND GROUP CO.,LTD.	2013	No.0000000086	2013020440	一般原产地证书 惠普制产地证书单申请

图 6-51　原产地证书管理界面

（1）一般原产地证书申请。单击“一般原产地证书”，填写一般原产地证书申请书，如图 6-52 所示，由报检员填写完毕后，单击“提交”，然后单击“一般原产地证书”，单击“提交”，将申请书和证书交由商检局审核，如图 6-53 所示。

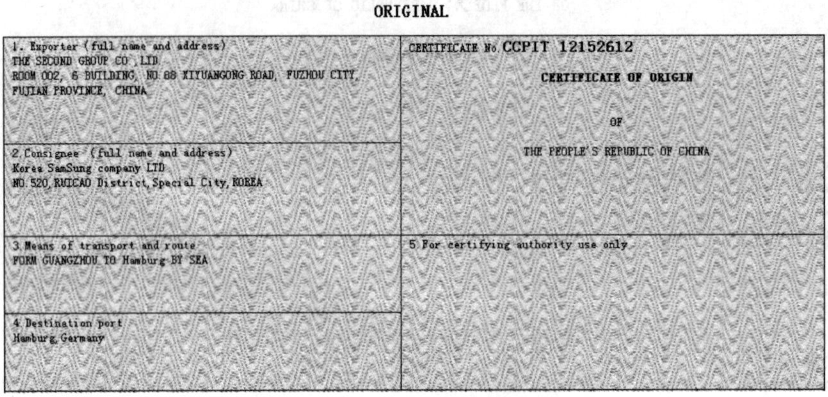

ORIGINAL

1. Exporter (full name and address) THE SECOND GROUP CO ,LTD ROOM 002, 6 BUILDING, NO 88 XIYUANGONG ROAD, FUZHOU CITY, FUJIAN PROVINCE, CHINA	CERTIFICATE No. CCPIT 12152612 CERTIFICATE OF ORIGIN OF THE PEOPLE'S REPUBLIC OF CHINA
2. Consignee (full name and address) Korea SamSung company LTD NO. 520, RUICAO District, Special City, KOREA	
3. Means of transport and route FORM GUANGZHOU TO Hamburg BY SEA	5. For certifying authority use only
4. Destination port Hamburg, Germany	

图 6-52　一般原产地证书缮制界面

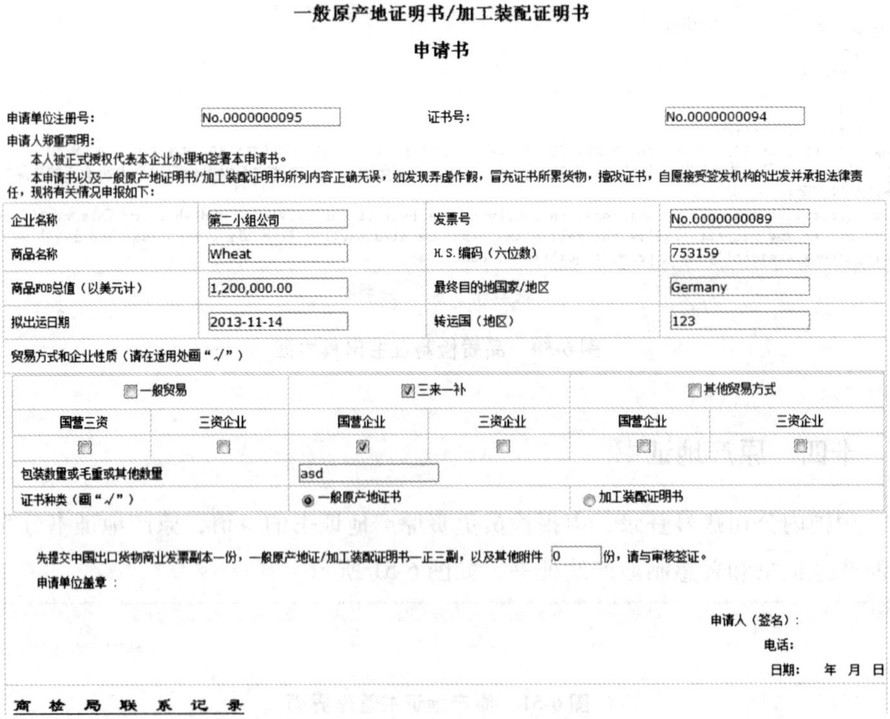

一般原产地证明书/加工装配证明书

申请书

申请单位注册号：No.0000000095　　证书号：No.0000000094

申请人郑重声明：

本人被正式授权代表本企业办理和签署本申请书。

本申请书以及一般原产地证明书/加工装配证明书所列内容正确无误，如发现弄虚作假，冒充证书所累货物，擅改证书，自愿接受签发机构的出发并承担法律责任，现将有关情况申报如下：

企业名称	第二小组公司	发票号	No.0000000089
商品名称	Wheat	H.S.编码（六位数）	753159
商品FOB总值（以美元计）	1,200,000.00	最终目的地国家/地区	Germany
拟出运日期	2013-11-14	转运国（地区）	123

贸易方式和企业性质（请在适用处画“√”）

一般贸易		☑三来一补		其他贸易方式	
国营三资	三资企业	国营企业	三资企业	国营企业	三资企业
☐	☐	☑	☐	☐	☐
包装数量或毛重或其他数量		asd			
证书种类（画“√”）		◉一般原产地证书		○加工装配证明书	

先提交中国出口货物商业发票副本一份，一般原产地证/加工装配证明书一正三副，以及其他附件 0 份，请与审核签证。

申请单位盖章：

申请人（签名）：

电话：

日期：　年　月　日

商　检　局　联　系　记　录

图 6-53　一般原产地证书申请书缮制界面

（2）普惠制原产地证书的申请。单击“普惠制产地证书申请单”，填写“普惠制产地证书申请单”，如图 6-54 所示。由报检员填写完毕后，单击“提交”，单击“普惠制证书”，单击“提交”，将申请书和证书交由商检局审核，如图 6-55 所示。

普惠制产地证书申请单

申请人单位（盖章） THE SECOND GROUP CO., LTD. 证书号：No.0000000098

申请人郑重声明：产地正确 注册号：No.0000000099

本人是被正式授权代表出口单位办理和签署本申请书的。

本申请书及普惠制产地证格式A所列内容正确无误，如发现弄虚作假，冒充格式A所列货物，擅改证书，自愿接受签证机关的处罚并负法律责任。现把有关情况申报如下：

生产单位	大麦生成有限公司	生产单位联系人电话	0591-888888888
商品名称（中英文）	Wheat	HS税目号（以六位数码计）	753159
商品（FOB）总值（以美元计）	1200000	发票号	No.0000000089
最终销售国	Germany	证书种类“√”	◉加急证书 ○普通证书
货物拟出运日期	2013-11-12		

贸易方式和企业性质（请在适用处划“√”）

正常贸易 C	来（进）料加工 L	补偿贸易 B	中外合资 H	中外合作 Z	外商独资 D	零 售 Y	展 卖 M
☐	☑	☐	☐	☐	☑	☐	☐

包装数量或毛重或其他数量 asd

原产地标准：

本项商品系在中国生产，完全符合该国方案规定，其原产地情况符合以下第 1 条；

（1）“P”（完全国产，未使用任何进口原料）；

图 6-54 普惠制产地证书申请单缮制界面

1. Goods consigned from (Exporter's business name, address, country)	Reference No.
THE SECOND GROUP CO., LTD. ROOM 002, 6 BUILDING, NO. 88 XIYUANGONG ROAD, FUZHOU CITY, FUJIAN PROVINCE, CHINA	**GENERALIZED SYSTEM OF PREFERENCES CERTIFICATE OF ORIGIN (Combined declaration and certificate)**
2. Goods consigned to (Consignee's name, address, country) Korea SamSung company LTD NO. 520, RUICAO District, Special City, KOREA	
3. Means of transport and route	5. FORM A
FORM GUANGZHOU TO Hamburg BY SEA	Issued in THE PEOPLE'S REPUBLIC OF CHINA (country) See Notes overleaf
4. For official use Germany	

6. Marks and numbers	7. Number and kind of packages; description of goods	8. H.S. Code	9. Quantity	10. Number and date of invoices
N/M	Wheat 3 in a WoodenBox	753159	1200	1200/2500

11. Certification It is hereby certified that the declaration by the exporter is correct.	12. Declaration by the exporter The undersigned hereby declares that the above details and statements are correct, that all the goods were CHINA
Germany	(country) and that they comply with the origin requirements specified for those goods in the Generalized System of Preferences for goods exported to
Place and date, signature and stamp of authorized signatory	Place and date, signature and stamp of certifying authority

图 6-55 普惠制产地证书缮制界面

用商检局账号登录，进行原产地证书审核。登录后，单击"产地证审核"，进入原产地审核界面，如图 6-56 所示，单击"查看详细"，查看原产地证书申请书，单击"通过"，则审核完毕；单击"不通过"，则需填写不通过理由，并将证书和申请书发回国内公司重新填制并提交。

✓ 产地证书					
公司名称	年度	合同号	信用证号码	操作
THE SECOND GROUP CO.,LID.	2013	No.0000000086	2013020440	查看详情 通过 审核不通过

图 6-56　产地证书审核界面

十五、投保管理

用国内公司账号登录，由业务经理负责填制投保单，投保单可以在报检之后、结汇之前的任何时间段做。单击"投保管理"，进入投保界面，单击"投保单"，业务经理填制投保单，如图 6-57 所示。填制完毕后，单击"提交"，将投保单发给保险公司审核。

用保险公司账号登录，投保审核。在保险公司单击"投保审核"，进入投保审核界面，如图 6-58 所示。单击详细查看公司填写的投保单内容，单击"通过"则投保完毕；单击"不通过"则填写理由，并发送给国内公司，由国内公司重新填制，再发送审核。

进出口货物运输保险投保单					
APPLICATION FORM FOR CARGO TRANSPORTATION INSURANCE					
发票号 Invoice No.	No.0000000089	合同号 Contract No.	No.0000000086	信用证号 L/C No.	2013020440
被保险人 Insured	THE SECOND GROUP CO.,LID.				
标记 Marks & Numbers	包装及数量 Quantity	保险货物项目 Description of Goods	发票金额 Invoice Value	保险金额 Insured Amount
N/M		Wheat		
ARTICLE NO.: 5	1200/2500	CURTAIN FABRIC	1200000	1320000

图 6-57　投保单缮制界面

✓ 投保单						
公司名称	年度	合同号	录入人	发票号	信用证号码	操作
THE SECOND GROUP CO.,LID.	2013	李五1	No.0000000089	No.0000000086	2013020440	详情 通过 不通过

图 6-58　投保审核界面

十六、报关管理

用国内公司账号登录，由报关员负责填制报关单，报关单可在报检单审核通过之后填写。单击"报关管理"，进入报关界面，在报关前，先要将产品货物入堆场，在做完入堆场操作后，单击"报关单"，报关员填制报关单，如图6-59所示。填制完毕后，单击"提交"（此时系统有对产品是否需要许可证进行审核，若需要则提示要先申请产品许可证；报关时间必须比装运期早几天，天数在外部端口中有设置），将报告单发送往海关审核。

图6-59　报关单缮制界面

用海关账号登录，报关审核，在外部端口海关中，单击"报关审核"，进入报关审核界面，如图6-60所示。单击"报关单"，查看国内公司提交的报关单信息，单击"报关通过"，则报关成功，单击"报关不通过"，则填写失败理由，并发回国内公司，国内公司查看完理由后，重新填制报关单。

图6-60　报关审核界面

十七、装运管理

用国内公司账号登录，由业务经理负责装运管理，填制装运凭证，在报关单审核完毕后，单击"装运管理"，进入装运管理界面，单击"提交关单给船运公司"，将相关单据发送给船运公司，如图6-61所示。

图 6-61　装运管理界面

用船运公司账号登录，货物装船。登录后，单击船运公司系统菜单的装运管理，进入船运公司的货物装船界面，如图 6-62 所示，单击"货物装船"（此时系统自动判断该条航线船期是否已过，如果船期过了则弹出提示；系统自动判断订舱数量是否足够，若不够则弹出提示，并发送通知至国内公司，要求其重新订舱或改签后再订舱），提示装船成功，则装运成功。

图 6-62　货物装船界面

船运公司装船完毕后，用国内公司账号登录，由业务经理发送装运通知书给国外合作公司，如图 6-63 所示，单击发送即可。

操作
发送装运通知

图 6-63　装运通知发送界面

十八、结汇管理

用国内公司账号登录，由业务经理负责结汇，在船运公司装船完毕后，业务经理可以组织结汇工作，单击"结汇管理"，进入结汇界面，单击"汇票"，如图 6-64 所示，业务经理填制汇票单据，如图 6-65 所示。单击"提交"后，在刷新后的页面，单击"结汇交单"，如图 6-66 所示，将单据交给国内银行。

装运通知单 (副件)	状态	水单	操作
装运通知单	未确认		汇票

图 6-64　结汇界面

图 6-65　汇票缮制界面

装运通知单 (副件)	状态	水单	操作
装运通知单	未确认	汇票	结汇交单

图 6-66　交单界面

用国内银行账号登录，国内银行收到国内公司的结汇单据信息后，在系统菜单中单击国内银行结汇，进入银行结汇界面，如图 6-67 所示，单击"确认"，将结汇信息发给约定的国外银行。

品质证书	提单	装运通知单 (副件)	状态	查看
品质证书	提单	装运通知单	未确认	确认

图 6-67　国内银行单证传递界面

用国外银行账号登录，国外银行收到国内银行发出的结汇信用，在系统菜单中单击外银结汇，进入外银结汇界面，如图 6-68 所示。单击"同意付款"，则将钱打入国内银行。

装运通知单 (副件)	状态	查看
装运通知单	未确认	同意付款 ｜ 拒付

图 6-68　外国银行结汇界面

国外银行同意付款后，用国内银行账号登录。单击国内银行结汇确认，进入国内银行结汇确认界面，如图 6-69 所示。单击"水单"，由银行填制水单，如图 6-70 所示。单击"确认"，将水单和交易金额打入国内公司。

品质证书	提单	装运通知单(副件)	状态	查看
品质证书	提单	装运通知单	未确认	水单

图 6-69　国内银行结汇确认界面

图 6-70　结汇水单出具界面

十九、财务结算

业务完成或年度结束后，小组还清贷款，核算财务明细。特别当系统模式时间到达 12 月份的时候，系统会在右下角自动弹出提示（系统管理员可在时间设置那里将提示框关闭），要求同学们尽快完成结汇。12 月份到下一个年度，也就是 12 月 31 日到下一年度的 1 月 1 日时，系统会自动进行年末结算，并停止系统模式时间的运行，年末结算的内容有：

（1）所有实战规则下的公司自动缴纳办公费用，该费用金额由基础数据中的费用设置中设定。

（2）获取年度净利润，系统按照给定的公式，自动计算该实战规则下所有公司的年度净利润。

（3）长期贷款操作，系统会自动判断系统时间是否是该实战规则下的最后一个年度，若是，则扫描所有公司是否还有长期贷款没有还清，若有，则系统自动扣除公司贷款和利息。

（4）缴纳管理费用，系统自动将该规则下的所有公司该年度四个季度的管理费用交清。

二十、单据查询

用系统管理员账号登录，可以对国内公司单据的完整性进行查询，如图6-71所示，该查询只对已审核过的单据有作用，而且只针对该公司该年度的单据，若要查询所有公司所有年度的单据，可以由系统管理员进入系统菜单应用管理的单证中心查询。

报关	报检	投保	发票	装箱单	原产地证书	品质证书	提单
√（已审）	√（已审）	√（已审）	√（已审）	√（已审）	√（已审）	√（已审）	√（已审）

图6-71　国内公司查询界面

二十一、国外公司贷款和审批

当国外公司没有资金的时候，可以向国外银行贷款，用国外公司账号登录，找到"国外银行贷款"模块，单击"添加"，填写好金额和贷款说明以后，单击"提交贷款申请"，则发送到国外银行审批，如图6-72所示。

图6-72　贷款申请提交界面

用国外银行账号登录，找到"国外银行贷款"，选择"通过"还是"不通过"，通过则审批完毕，不通过则发回国外公司重新填写贷款申请，如图6-73所示。

图6-73　国外公司贷款审批界面

第三节　实训测评与实训报告

一、实训测评

除直接按"财务分析"中财务明细和利润排名外，教师可以参考"比赛结果"进行系统计分。

1. 具体评比及扣分规定参考如下

竞赛结果以各小组进出口公司的税后利润、贷款、库存、汇率盈亏、订单违约、竞赛工作笔记等进行综合评分，分数高者为优胜。

（1）税后利润加分 1 分/1 万；

（2）因汇率盈利加分 1 分/1 万。

2. 在企业运行过程的扣分规定

对于不能按照规则运行或不能按时完成运行的企业，在最终评定的总分中，给予减分的处罚。

（1）民间贷款欠款扣减 2 分/1 万；民间贷款扣减 1 分/1 次

（2）银行欠款扣减 1 分/1 万；

（3）因汇率亏损扣减 1 分/1 万；

（4）订单违约扣减 1 分/1 万（按销售总金额 20% 作为违约金）；

（5）库存金额扣减 1 分/1 万；

（6）竞赛工作笔记处罚；

（7）晚交 1～10 分钟罚 1 分/分钟；

（8）晚交 10～15 分钟罚 2 分/分钟；

（9）晚交 15 分钟之后，由教师强行平账，另外参照报表错误进行罚分（即总共需要罚 40 分，其中 20 分为晚交报表的罚分，另外 20 分为报表错误的罚分）；

（10）报表不平或者账实不符的错误，罚总分 20 分/次。

3. 违规操作罚总分的规定

不如实填写竞赛工作笔记的情况，一经核实按情节严重扣减总分 5～10 分/次。

4. 破产规定

当所有者权益小于零（资不抵债）和现金断流时为破产。破产的小组不参加最后的成绩排名。

5. 得分计算方法

总分项目包括：

（1）税后利润；

（2）汇率盈亏；

（3）库存；

（4）工作笔记；

（5）银行贷款。

以上所有得分的和为总分。

二、实训报告示范（见表6-1）

表6-1　国际贸易经营实战沙盘市场推演工作笔记

公司名称：　　　　　　　　　　　　　　第　　小组　人数：

成交情况	成交小组			订单信息	订单号	
	产品名称				合同号	
合同单价				合同金额		
合同数量						
采购记录	备货类型			产品名称		
	单价			数量		
	总金额					
租赁仓库	库存数量			库存产品总金额		
银行贷款	是否偿付贷款	是　否	欠款金额	长贷（本息）		
		是　否		短贷（本息）		
民间借贷	是否正常偿付	是　否		欠款金额（本息）		
信用证	改签原因			改签次数		
发票	是否顺利	是　否		出错原因		
租船订舱	是否顺利	是　否		出错原因		
	是否重复操作	是　否		操作次数		
	订舱数量			运费		

续表

报检	是否顺利	是	否	出错原因		
	是否重复操作		是	否	操作次数	
原产地证书	是否顺利	是	否	出错原因		
	是否重复操作		是	否	操作次数	
出口许可	是否顺利	是	否	出错原因		
	是否重复操作		是	否	操作次数	
投运投保	是否顺利	是	否	出错原因		
	是否重复操作		是	否	操作次数	
报关	是否顺利	是	否	出错原因		
	是否重复操作		是	否	操作次数	
海运	是否顺利	是	否	出错原因		
装运	是否顺利	是	否	出错原因		
装运期	是否成功运走		是	否	出错原因	
结汇管理	是否顺利	是	否	错误原因		
	是否损失	是	否	损失金额		
订单执行情况	是否执行完毕		是	否	错误原因	
	订单销售额				损失金额	
应收款管理	应收（累计值）			实收（累计值）		
汇率盈亏金额	盈利（累计值）					
	亏损（累计值）					
	亏损原因					

序号	学生姓名	扮演角色	工作职责
1		总经理	负责全公司的运营，不做具体业务。
2		市场经理	选择订单、并时时关注公告栏的行业新闻，进行市场和风险分析，并计算所负责业务发生的费用。

3		业务经理	合同磋商、信用证管理、备货、开信用证、仓库租赁、库存管理，并计算所负责业务发生的费用。
4		报关报检人员	报检、原产地、报关工作，并计算所负责业务发生的费用。
5		货代人员	负责查询航线、租船订舱、投保、海运、装运，并计算保险费、运输费和负责的其他费用。
6		财务经理	负责贷款，结汇交单、计算所得税，海关税，贷款利息，以及企业发生的现金收支数据。

小组所属国内公司经营情况（完成最后一笔交易后填写以下 3 个财务指标）

成本合计	
销售合计	
税后利润	

总结（实际经营过程中碰到哪些问题？造成预想和实际不一样的原因是什么？收获是哪些？……）

注：改签次数以及操作次数用"正"字来计数，每做一个订单对应一份工作笔记。

参 考 文 献

[1] 张前. ERP 沙盘模拟原理与实训 [M]. 2 版. 北京: 清华大学出版社, 2017.

[2] 叶波, 孙睦优. 国际贸易实训教程 [M]. 北京: 清华大学出版社, 2011.

[3] 荆新, 王化成, 刘俊彦. 财务管理学 [M]. 北京: 中国人民大学出版社, 2009.

[4] 贺志东. 外贸企业财务管理 [M]. 广州: 广东经济出版社, 2011.

[5] 刘志超, 罗凤翔. 国际市场营销实训教程 [M]. 北京: 中国商务出版社, 2008.

[6] 李贺. 国际结算: 理论·实务·案例·实训 [M]. 上海: 上海财经大学出版社, 2016.

[7] 林希强. 我国外贸企业经营特点和财务特点分析及应对策略 [J]. 中国外资, 2013 (23).

[8] 慈教进. 综合院校国际贸易创新创业实训教学平台建设研究 [J]. 科技创业月刊, 2017 (11).

[9] 申天恩. 应用型高校经管类实验教学体系的构建与实施 [J]. 实验室研究与探索, 2013 (06).

[10] 吴百福, 徐小薇, 聂清. 进出口贸易实务教程 [M]. 上海: 格致出版社, 上海人民出版社, 2015.

[11] 吴国新, 李元旭, 何一红. 国际贸易单证实务 [M]. 4 版. 北京: 清华大学出版社, 2017.

[12] 谢娟娟. 对外贸易单证实务与操作 [M]. 北京: 中国人民大学出版社, 2017.

[13] 田运银. 国际贸易单证精讲 [M]. 4 版. 北京: 中国海关出版社, 2015.

[14] 缪东玲. 国际贸易单证实务与实验 [M]. 2 版. 北京: 电子工业出版社, 2015.